微差力

●

斎藤一人

サンマーク文庫

はじめに

久しぶりの書き下ろしです。

タイトルが『微差力』となっております。

微差力とは、何だろう？

ひと言では説明がつかないのですが、ただ、私はこの本を作っている最中から、楽しくて、楽しくてしかたがありませんでした。

「しあわせも、富も、こんな少しの努力で手に入るんだ！」

と、みんなが気づいて、どんどん、どんどん、しあわせになっていくかと思うと、私はもう、うれしくて、ワクワクするのを止められなかったのです。

みなさんも、きっと、この本を読みながらワクワクすると思います。

そして、あなたのなかで眠っている「微差力」がスイッチ・オンの状態になると、私は信じています。

斎藤　一人

微差力　目次

私は、自分のことを「一人さん」と呼びます

そのままで、いいんだよ

微差って、スゴイ！

人生って、楽しいね

編集協力……道井さゆり
ぷれす
出版プロデュース……竹下祐治
編集……小野佑仁（サンマーク出版）

私は、自分のことを「一人さん」と呼びます

「地球は今日も回ってる」

これからいろんなこと、人生の成功についてお話しします。

私の考え方だとか、お弟子さんたちに教えた成功のコツを教えます。

ただし、世間の人が言うことと、ちょっと違いますよ。

『変な人の書いた成功法則』（総合法令出版）とか、私の本には「変な人」と書いてあるんですけれど、まったくそのとおりで、私は変わってるんです（笑）。

だから、私の言うこと、全部が全部、賛同してくれるとは、正直、期待していません。私と違う意見があっても、全然いいですよ。

「斎藤さん、間違ってますよ」

と、言ってもらっても大丈夫です。

そう言われたら、私はきっと、その場でこう言います。

「実は、私もそうじゃないかと思ってたんですよ」

なぜ、こんなことを言うのかというと、「それでも、地球は回ってる……」だから（笑）。

それでも、地球は回ってる……。

昔、ガリレオという人がいましたよね。

あの人は「地球が回ってる」と言ったら、捕まって、裁判にかけられたんです。裁判で「地球が回ってる」と言い張ると、処刑されちゃう。

だから、裁判で、

「地球と太陽、どっちが回っているんですか？」

と尋ねられたとき、ガリレオは言いました。

「太陽です」

これを聞いた弟子たちはビックリして、あとで、

「なんで、あのとき『太陽の周りを地球が回ってる』って、言わなかったんですか？」

と、ガリレオに詰め寄ったんですけれど、そのとき、ガリレオが言ったのが、
「それでも、地球は回ってる」
これは深い、非常に深い話なんですけれど（笑）。
ともかく、人と話していて意見が違っても「そうだよね、わかるよ」って聞く。
これが、一人さん流。
それでもって、ヨソへ行って自分の主張をずぅーっと言ってればいい（笑）。
それが、一人さん流なのです。
そんなことでいいんですか、って？ いいのです。
人と、意見が違って言い負かしても、人からうらまれるだけなんです。
第一、お互いに嫌な思いをしてまで、正しさをぶつけあう必要はあるのでしょうか。
そんなことは、どうでもいいのです。
だって、「それでも、地球は回ってる」なのだから。

ということで、これから話を始めます。

この本を読んで、たった一個。

自分の成功のヒント、一個でも見つかったら、試してみてください。

たった一個でも、やると、人生、違ってきますからね。

立派はつらいよ

私は、本業は商人なのですが、たまに、こうやって本を書いたり、講演したりします。

世間の人は、本を書いたり、講演するような人のことを「立派な人」みたく思うのですが、私の場合は違います。

私は「中学出だ」と公表しています。

でも、ひょっとしたら、「中学出」は学歴詐称かもしれません（笑）。

というのも、私、目が覚めるのは、いつもお昼近くだったんです。それから学校へ行って、クラスメイトたちを盛り上げて、盛り上がったら帰るという。遅刻した分を早退で取り戻すという、すばらしいバランス感覚で（笑）、中学時代を過ごしました。要するに、中学校も、まともに行っていないのです。

誤解しないでくださいよ、立派がいけない、と言っているわけではありませんからね。

立派になりたい人は、なればいいんです。それで、しあわせになれるなら、立派になってください。

だけど、立派って、つらいですよ。

これを言うと、キリスト教徒の人に怒られるかもしれないのですが……。

昔、お上《かみ》がキリスト教を弾圧していた時代、踏み絵というのをしたんです。隠れキリシタンを見つけるのに、キリストの絵を「踏んでごらん」って。

崇高《すうこう》な志をもつ人は、あれを踏まないで、処刑されちゃったんです。

もし、私がキリストだったら、自ら率先して踏んじゃいますね。

だって、お師匠さんが踏み絵を踏めば、お弟子さんも踏むのですから。

お師匠さんが「みんな、踏めよ」と言ったら、お弟子さんも、「あ、そうですか」って。それだけの話でしょ?

キリストだって、「死んじゃいけない、生きろ」と言っているのですよ。

それと、人間って、みんな、しあわせになるために生まれてきたんです。

あなたは、不幸でいてはいけないのです。

「誰でもしあわせになれる」理由

「人生は修行だ」

私は、そう考えています。

修行と言うからには、楽ではない。楽だと修行になりませんからね。

だから、生きてると、「嫌だな」と思うようなことがあったりするのです。

もちろん、ついてる一人さんも、お弟子さんたちも、日々、修行しています。

ただ、私たちの修行は、他の人と違って、非常に楽しいのです。

たとえば、お弟子さんたちと旅に行って、旅館に入ると、目が点になるぐらいスゴイところだった、ということもあるんです。

だけど、そのとき、私たちは「あら、ひどいわねぇ」ではないのです。

「この旅館を流行《はや》らせる方法で、お金かけないで流行らせるゲーム！　はい、何でしょう」

と、ゲームを始めます。

そうすると、みんなで「入り口をこういうふうにして、掃除して」とか、「こんな料理も作って」とか。要は、その旅館のことで、遊んでしまうのです。

だから、「ひどいわねぇ」って、お手上げするのではなくて、「どうしたらいいだろう」という。

そうやって考えるのは、楽しいゲームですよね。

ところで、みなさん。

みなさんは、しあわせになりたいでしょ？

「しあわせって、何だろう」と言う人がいるけれど、しあわせというのは、心が感じることなんです。

たとえば、アルプスを見て、感激して「スゴイなー」と思うけれど、毎日、アルプスを見ているわけにはいかない。私たち、日本に住んでいますからね。

だけど、道端で咲くタンポポを見て、「スゴイ、かわいいな」と思えたら、海外まで出かけてってアルプスを見なくたって、しあわせですよね。

ということは、しあわせって、しあわせの基準を下げることができたら、しあわせなんですよね。

じゃあ、あなたの一番のしあわせ、何ですか？

「そりゃあ、毎日三度ごはんが食べられることですよ」

と言ったとしたら、その人はしあわせなんですよね。

だから、しあわせって、「どう考えたら、自分はしあわせか」を考えればいいんですよね。

ただ、私たちの場合は、普通に考えない。これもゲームにして遊ぶんです。

ホントのことを言うと、この話は好きではないのですが、たまに調味料として使うことがあって。汁粉を作るときにちょっと塩を入れるのと同じで、ちょっとアクセントつけるのに使うんですけれど……。

人間って、必死になると、たいがいのことは解決するんです。

変な話、たとえば、ここに五〇万円の宝石があるとします。

「あなた、この宝石、売ってきてください」

「いやぁ、私になんか、絶対に売れっこないですよ」

そのとき、

「でも、一ヵ月以内にこの宝石が売れないと銃殺、ってことに決定しました」

そう言われたとしたら、「売れっこない」と言っていた人は、親だろうが何だろうが、手当たりしだい知り合いに電話かけたりして、売ろうとするのです。

だから、「絶対できない」というのは、必死になってもできないことを言うんですよ。

必死になったらできることは、「できないこと」じゃない。それは、「できること」なんです。

それで、これ、あんまり言いたくないけれど、たとえばのジョークとしてね。

あなたが、今、しあわせを感じていないとします。

そんなあなたに、私がこう言うとする。

「今から一時間以内に、あなたがしあわせだということを、みんなに証言してくれなかったら銃殺、ということに決定しました」

そしたら、あなた、必死になりますよね。

「いやぁ、やっぱりね、朝、目が覚めただけでしあわせなんです！　寝たら、そのまま向こうの世界に行っちゃってた人のことを思うと、こんなしあわせなこと、ないですよぉ」とかね。

「毎晩、ふとんの上で寝られてしあわせなんです！」とか。

「もう、家族がいて、友だちがいて、しあわせじゃないですか！」とか。

いろいろ、言いますよね。

ということは、しあわせになろうと思えば、誰だって、今ここでしあわせになれるんですよね。

本当は、あなた、今しあわせなんですよ。

人の器量は無限大

人には人の器量というものがあります。

器量というのは、運も器量だし、お金持ちの家に生まれるのも器量です。

よく、お金持ちの家に生まれても、「親の七光は嫌だ」とか言いながら、親の七光すら利用できない人がいるんですけど。親の七光も利用できないぐらいだから、他の何を与えても利用できない、という。

だけど、「人には人の器量があるよ」と言うけれど、本当は、人の器量という

のは大きくなるんです。

いくらでも大きくなります。

その当人が「大きくしたい」と望むなら、大きくなります。

私のお弟子さんたちが成功したのは、

「自分の器量を大きくしたい」

と思ったからなんです。

だから、みんなも、「自分の器量、大きくしたい」と思えばいいのです。


人には、無限の器量がある。

もう、無限大です。

人間は、この宇宙ですら、頭のなかで思い描いて、想像することができるのです。銀河系ですら想像できるんです。

ということは、本当は、ものスゴク無限の器量がある、器があるんです。

自分が地球の上に立ってる姿を思い浮かべてみてください。

そういうことを想像するということは、この地球を飲み込んでしまうだけの想像力が、本来、あなたにあるのです。

それなのに、ほとんどの人は日常生活のこまごましたことに「あーでもない、こーでもない」とイライラしたり、暗くなることばかり考えている。

そういうこと、もうそろそろ、やめませんか？

「会社のみんなが暗くて嫌になっちゃう」と言うけれど、周りが暗いことと、あなたはどういう関係があるのですか？

「周りが暗くて嫌だ」と言うけれど、黒板だって黒いから白い白墨が目立つのです。周りの人が暗いからこそ、あなたは明るくしていればいいのです。

たった、これだけの微差で、人生、エラク違ってしまうのです。

自分の目の前に嫌な人が出てくるのもそうです。嫌なやつが出てこないと、いい人が目立たないんですよ。

だから、相手を直そうとする必要はありません。

その嫌な人がいるおかげで、いい人が光るのだから。

「ウチの会社に厭味《いやみ》ばかり言ってる部長がいて。その人が嫌で、嫌で」

そんなことばかり言っているより、その部長みたいなことをしなければいいのです。

人のことを怒鳴りつけてばかりいるのがいて、「あの人、嫌だな」と思ったら、自分は人にやさしくしていればいいのです。

そうやって、明るくしてて、嫌な人と正反対のことをしていたら、あなたが目立つだけなんです。

それで、その嫌な人のことは、

「神が出してくれた、自分を引き立てるために生まれてきたようなやつだな」

と、思えばいいだけなんです(笑)。

人生は四つ玉ゲーム

私は、自分のことを「一人さん」と呼びます。

私のなかでは、自分を呼び捨てにするなんて、もう、とんでもない話で（笑）。要するに、一人さんはそれぐらい自分が大切で、愛しているんだ、ということです。

ただし、私は、自分のお弟子さん、うんと年下のお弟子さんにも「シゲちゃん」とか呼びます。人のことも、呼び捨てにしないのです。

それは、自分を呼び捨てにできないぐらい大切に思っているから、人のことも大切なんです。

「自分が大切」と言うと、世間の人は「それは、よくないことだ」みたいな考えをするけれど、よくないのは「自分だけが大切」ということです。

「自分が大切」と「自分だけが大切」って、言葉はよく似てるけど、全然違います。仕事でも、人間関係でも、全然、違ってしまうのです。

人生は、玉突きの四つ玉ゲームと同じです。

四つ玉ゲームというのは、玉突きの台に四つの玉がある、赤いの二つに、白いの二つです。自分の打つ玉が白で、赤と白の玉、コン、コンって二個当てると、二点入ります。赤と赤に当てると三点です。

要するに、二個当たると点がとれるんです。一個自分の打った球を、コン、コンって、二個の玉に当てればいいのです。そして、さらにもう一個当てる、コン、コン、コンって三個当たると五点入ります。

私のおふくろは玉突きが好きな人で、私は子どものとき、よく連れて行かれたんです。私は四つ玉ゲームをずっと見てるのが好きで、そのときに、

「人生って、これだ！」

と思ったんです。

なぜかと言うと、一個だけ当てたのでは〇点なのです。

人生も、それと同じです。自分のことだけ考えてるのはダメなんです。

自分のためになって、人のためになって、はじめて点がとれる。しあわせなんです。

二個当てたうえに、もう一個。自分のためになって人のためになって、社会の

ためにも、これはなるぞ、といったときは五点なんです。

だけど、人のためにだけなるもの、社会のためにだけなるものって、意外とダメなんです。〇点なんです。わかりますか？

だから、何か商売するときに、これは人のためにもなる、自分のためにもなる、そして、社会のためにもなるというものは、絶対、成功します。

仕事のコツって、たった、それだけです。

なぜかと言うと、人のためにしかならないと、自分が細ってきてお手上げ、長続きしないのです。

そうではなくて、自分のためにもなって、人のためにもなるのなら、お互い長く続きます。ただし、当たった玉は二個だから、点数は小さいんです。

二個当てたうえに、「社会のためにもなるよ」ということであれば、五点です。

だから、たとえばウチが出してる「パニウツ元気」みたいのだと、ウチも商売になるし、買った人も喜びます。

それから逆に言うと、うつやなんかで部屋にこもりっきりになってる人や、「自分は生きるのをやめたい」とか考えている人が明るく元気に生きられるようになれば、社会も助かる。

そういうものを作れば、これは絶対に当たるんですよ。

だから、商売って、やる前から成功するかどうかわかるんです。

ところで、あなた、自分だけが得するような考えで仕事をしていませんか？

そういうものは、最初のうちはうまく行ったとしても、長くは続きませんよ。

四つ玉の法則は、商売だけじゃなく、どんなものにでも当てはまります。

この計算式を頭に入れておけば、自ずから、絶対、わかるんです。

どうすれば、しあわせでいられるかがわかります。

仕事のコツは一〇年先より一歩先

ここで、ちょっと、仕事の話をします。

「あの人、先に行きすぎたね」

と、周りから言われるような人がいるんです。

「一〇年後だったら、あの人、成功するのにね」とか言われたりするんですけれど、そういう人は一〇年後も成功しません。

なぜかと言うと、常に一〇年先に行っちゃっているのです、そういう人は（笑）。


変な話、競馬で、次のレースが五レースだったら、五レースを当てればいいんですよね。五レースで二－五にくるのだとしたら、二－五の馬券を買えばいい。

それを、「六レースで一－四がくるから」って、五レースでそれを買っちゃったら、配当金は出ません。

配当金が欲しかったら、次のレースを当てるんです。

そして、当たったら、また次を当てる、わかりますね。

仕事もこれと同じです。

次を当てればいいだけなのです。

今より一歩先を読めばいいだけなんです。

一〇年先、二〇年先を当ててもしょうがない。一〇年先は、一〇年先に当てるんです。

常に、一歩先を読む。

そして、一個だけ上に行けばいいのです。

何の商売でもそうですが、商品には寿命があります。

なぜかと言うと、人間は飽きる動物だからです。

だから、今、出ている商品が消える前に次の商品を出して、また消える前に次の商品を出して、また次の商品出してと、ずぅーっと次々、当たる商品を出さなきゃいけないのです。

それと、仕事のコツというのは、いいですか、よく覚えておいてくださいよ。

「仕事はお金儲《もう》けだ」と言うけれど、お金儲けより大切なことがあるんです。

それは、「儲け続ける」ということ。

お金を儲けるというのは、インチキをしても儲かるんです。でも、ずぅーっとは儲かりません。

インチキしてたら、やがては逮捕されるか、訴えられるか、お客さんに逃げられるかのいずれかです。

だから、仕事とは儲け続けることなんです。

そして、商品は、生き物みたいなもの。交替しながら、次々、出ていかなきゃいけない。

しかも、出す以上は、世の中の役に立つものでなければならない。

そうすると、また次につながるのです。

何の仕事でもそうですよ、儲け続けなきゃいけない。

もう一個、言うと、儲け続けている商売が、世の中の役に立っているんです。

要はね、儲け続けないとダメだよ、ってことです。

そのために、常に一歩先を読む。

ホント言うと、一〇年先は誰でも読めるんです。評論家でも、「こういう世の中が来て」って、当てる人がいっぱいいるんです。

ただ問題は、一歩先を読む人が少ない。

少ないから、自分が今より一歩先を読むクセをつけちゃえば、どんどん上に行っちゃうんです。

空気読めない、場が読めない人には愛がない

よく「商売は器量だ」と言います。

聞いたことがある人も多いと思うのですが、これはどういうことか、ご存じですか?

たとえば、儲かってないラーメン屋があるとします。

メニューに、ギョーザからチャーハンから全部書いてあって、このなかで一番売れるのは、五目そばだとする。五目そばは人気があるんですね。

でも、ラーメンは人気がないんですよね。ギョーザも人気がない。

と、普通は考えるのですが、私の考えは違います。

私に言わせると、「ギョーザが人気ない」ではない。「ラーメンが人気ない」じゃあないんです。

なぜかと言うと、ラーメンがあまり出ないのだとしたら、今、一番流行ってるラーメン屋を見てきて、自分のとこのラーメンの味を変えればいいのです。ギョーザの味も変えればいいのです。

それをきちっとやってないから、ラーメン、ギョーザが売れない。ということは、味を変えようとしない、あなたが、人気ない、なのです。

お客さんが食べたがらないラーメンを出し続けておきながら、「お客が来ない」「不景気だ」と言う、その人間性が人気ない、なのです。

結局、最後は人気です。

人気とは、人の気、愛です。

店主には、それがないのです。

たとえば、お客さんが並んでるラーメン屋は、こってりしたラーメンを出しているとする。にもかかわらず、「ウチのはさっぱりしてて、うまいんです」と。そういうのが「愛がない」と、私は言うのです。

自分だけが満足するようなラーメンは、家で作って食べててください。

商売というのは、お客さんに尽くすものです。

それもしないで、「お客はラーメンをわかってない」って、あなた、場が読めてない、空気読めてないですよ。

「空気読めない」というのは、どういう空気なのかがわからない、ではありません。愛がない。


なぜって、自分の彼女を友だちやなんかに紹介したとき、「なんだ、この前の彼女のほうがいい女じゃないか」と言われたら嫌でしょ?

「嫌だ」とわかってるのに、人にはやるんですよ、空気読めない人って。

だから、空気読めない人って、「ここで、こんなこと言ったらマズイだろ」とかいうのがわからないのではないのです。

本当にわからないのだとしたら、そのマズイこと、自分が言われたり、されたりしても、怒ったりしないのです。

ところが、空気読めない人は、自分がそういうことされると怒るんですよ。「人に、ああいうことされるの嫌だ」とわかってて、人のことはわからない、って。

そういうのは、場が読めない、空気読めない、ではなく、愛がない。

人に対する思いやりがないのです。

目からウロコ!の「成功」の仕組み

昔、私がお弟子さんに教えたことの一つに、

「自分を愛して、他人を愛します」

というのがあるんです。

普通は、「他人を愛する」が先にくるのですが、一人さんの場合は違います。

「自分を愛して」が先です。

なぜかと言うと、人には「脳の仕組み」というものがあるんです。

たとえば、あなたがサラリーマンだとして、勤めてる会社が倒産することになったとします。

そんなときは、まず、

「自分はこれぐらいの貯金があって、雇用保険からお金も出るし、その間になんとか就職先も見つかりそうだから、自分も家族も大丈夫」

と、心を落ち着かせるのです。

それから次は同僚のこと、

「自分が力になれることは何だろう」

「恩義を受けた社長さんに自分ができることは何だろう」

って、考えないとダメですよ。

冷たいようですが、まず自分を助けてから人を助けるようにしないと、いい知恵は出ません。

脳の構造はそうなっているんです。

自分の脳は、まず自分を守る構造になっているのです。

だから、愛というのも、日ごろから「自分はなんとか食べていけるようになって、しあわせ」になったら、その次は「他の人がしあわせになるようにして」と、順番があるんです。

みんな、自分のことをうんと忘れてる人を見ると、「エライな」「スゴイな」みたく思うけど、自分も愛さないで人を愛するなんて、できないんですよ。

もし、それができるのなら、一階なしで二階から家が建ちますよ。

だから、元の「一」ができてないんですよ、「自分を愛して」ができない人は。

人生、うまくいかない人、自分のこと忘れていませんか?

自分を忘れてるようなスゴイ人、エライ人で、人生、成功した人というのはいない。ホントなんですよ。

昔、中国に諸葛亮孔明《しょかつりょうこうめい》という人がいました。

この人は、政治から戦から、天才的な能力をもっていたんです。そして、自分のことを忘れて、自分とこの王さまに尽くしました。

ところが、諸葛亮孔明が死んだとき、言葉が悪くてごめんなさいだけど、あまりキレイとは言えない奥さん、それから、小さい畑と、桑の木が一本か、なつめの木が一本、残っただけだったそうなんです。

諸葛亮孔明ほどの大天才だって、自分のことを忘れてたら天下をとれないんですよ。

天下をとるような人というのは、キレイどころを、わぁーっと集めたり、豪華にやっているのです。

じゃあ、なぜ、自分のことをうんと忘れてる人は天下をとれないのか。

そういう人は、必ず、自分の立派さを人にも強要するムードが出てる。

自分ががまんしてるからって、人にも「がまんしろ」っていうムードが出てる。

自分はたいしてキレイでない奥さんで満足しているから、人にも「そうしなさい」というムードが出てる。

でも、あなたの部下は、あなたと違うんですよ。

部下が、「これから戦だ」というとき、今日で死んじゃうかもしれない。明日は、首がないかもしれないんです。

それだとしたら、「もう、死んじゃうかもしれない」というときは、キレイどころでもなんでも、わぁーっと集めて、元気に行かせてあげなかったらね(笑)。だから、戦へ出て行くときに、「みんな、今日は派手にパーッとやりなよ」と言ってくれる上司と、「まじめに地味にしてろ」と言う上司、部下はどっちについてくるんですか?

明日、首なくなっちゃうかもしれないんですよ。「派手にパーッと」のほうに決まってるでしょ、って。

それに、トップが質素倹約ばかりしていると、部下も地味に暗くしていなければならない、というムードになる。

それじゃ、人生、おもしろくないし。

部下の人生まで暗くしちゃうよね。

だから、いろんな歴史見てごらんなさい。

自分を忘れて、なんかやってる人は自分も腹切ってるし、国もダメになっていますから。


人生、うまくいかない人はね、必ず、脳の構造を無視しているんです。

人生の成功、「守り」というものは自分から始めるものです。

自分を守り、会社を守り、お得意さんを守り……。

自分から回っていかなかったら、渦ってできない。

だから、商売でも、自分のためになって人のためにもなる、社会のためにもなる。これが道理なんだから、よく考えてごらん。そんなもの、当たるに決まってるんですよ。

ホントに、世の中っていうのは、道理なんです。やる前からわかるんですよ。

「結果はやってみなきゃわかんない」って、やる前からわかってますよ、って。

だから、道理どおりにやってください。

道理どおりにやってる人には、必ず神が味方しますからね。

道理どおりで「手から鳩」

何でも、ものには道理があります。

その道理どおりにやれば、人生はうまく行くようになっています。

ところが、普通の人は、楽をするために道理を飛ばすのです。

道理を飛ばしたものが出てくると、「スゴイ」とか言うけれど、そんな、道理を飛ばしたものなんか、この世にはありえません。

なのに、そういうのにひっかかっちゃって、よく騙《だま》されてお金を取られちゃう。

それって、騙される側も、道理を飛ばしているんですよ。

この前、ある人が、誰かに「手を出してごらん」と言われて手を出したら、ミカンがボンと落ちてきたそうなんです。

「どう考えても、ミカンが出てくるのは不思議だ、不思議だ」

と言うので、私、その人に言ったんです。

「不思議でもなんでもないよ。それ、手品でしょ」(笑)。

そういうものは、ちゃあ～んと手品というものを習ってみると、ミカンが出てくる、ちゃんとした道理があるんですよ。絶対、道理があるのです。

だから、一見、不思議なものですら、道理を無視したものはありえないのです。ホントなんですよ。

私の知り合いで、手品の種を考えてる会社をやってる人がいるんです。その人は、四六時中、それを考えてるんです。いかにしてミカンを出すか、みたいな、こうやったらこうなる、という道理をね。

それで、この前、鳩《はと》を出すという手品があって。それが、たしか、マグネシウムを使って鳩を出す手品だったと思うのですが。

マグネシウムというのは、昔、写真をとるときに使ってたもので、これを焚《た》くと、バァッと光る、という。バァッて、フラッシュを焚くんですよ、マグネシウムという粉を入れて、火をつけるとバァッて光る。昔は、そうやって、写真をとっていたんです。

これを応用した手品で、鳩を出す。マグネシウムの粉を手のひらにもってて、それに火をつけて、バァッと。そうすると、何秒間か、光で目がくらんで見えなくなる。

だから、マグネシウムに火をつけると同時に、手に鳩をのっける。一瞬、目がくらんじゃってるから。一瞬、何秒間か見えなくなるんですよ、あまりの光で。

その、バァッて、見えなくなると同時に、ササッと鳩を出して手にのせるんですけど。そうすると、光のなかから鳩が出てきたように見えるんですね。

そういう人たちは、ちゃんと、目の錯覚だろうが、人の道理みたいのを考えて、きちっとやってるんです。

だけど、観客はそのことを知らないから、「スゴイ！　不思議だ」と言うけれど、手品をやってる側には、ちゃんとした道理があって、不思議なことは何もないのです。

それと同じで、私がいろんなアイデア出して、いろいろな奇跡が起きるのも道理どおりなんです。

道理があるから、こうして人に教えられるんです。「こうやってやると、よくなるよ」とかね。

だから、私がお弟子さんたちに一番最初に教えたのは、「明るい色の服着るといいよ」とか、「笑顔にしてるといいよ」とか。あと、言葉。

ついてる、うれしい、楽しい、感謝してます、しあわせ、ありがとう、許します。

この天国言葉を口にし、天国思いをすることによって、出る波動が違い、人相が違うと、呼び寄せる現象が違う。いいことが起きるのです。

こういうことは、私にとって不思議なことではありません。

知らない人は「斎藤さんは不思議な話をする」と言うけれど、あなたが暗い顔、ブスッとした顔で「ついてない」だとか、愚痴、泣きごとを口にしていると、人があなたを嫌うのです。わかります？

あなたに会いたくなくなるんですよ。

この世の中、運でも、お金でも、人が運んでくるのです。

お金だけが歩いてるとか、財布だけが歩いてるとかって、ないでしょ？ 幸運というものですら、人が運んでくるのです。

明るい服も、笑顔も、天国言葉でも、人に好かれる、「また会いたい」と思ってもらえるコツです。

だから、私の教えは不思議でもなんでもなくて、道理どおりなんですよ、って。

そのままで、いいんだよ

不思議と感謝と、人の努力と

この地球は、神さまが人間に与えた修行の場です。

そして、私たちは、感謝というものを学びに、ここに生まれてきています。

生きている間、不況になったり、病気になったりするけれど、それは感謝を学ぶための修行です。だから、さっさと感謝を学べばいいのです。

「周りのことに感謝すれば、不況も直るし、からだもよくなりますよ」

と、私は言うのです。

ただ、思っているだけではダメなんです。

この地球という場所は、想念しながら行動を起こす、というか。

ここは「行動の美学の星」なのです。

わかりづらいですか？

あの世というのは、想念の世界、思ったことが、そのまんま起きる世界なんです。だけど、この世は違うのです。

この世に、想念だけで起こせる奇跡があってはいけない。いけない、というより、神の摂理ではありえない。


ちなみに言うと、私の言う「神さま」とは、命を作ってくれている人のことです。私の考えではね。

この地球には、小麦の種というものがすでにある。ピーマンもあれば、トウガラシもあります。

砂漠のほうには砂漠に向いてる食品があり、インカ帝国の高地にはそこで育つジャガイモがある。人間が生きていくのに必要なものが、すべての地域に、海山川に、いく年もの間、存在しています。

これが、不思議なことなんです。

この不思議なもの、種をまくことによって、小麦ができて、ピーマンができるんです。トウガラシができる。

同じ太陽があたって、同じ大地から、赤いのとか、青いのとかができるんです。

それが不思議なことなんです。

この不思議は誰がしてるんですか？　って、神なんです、私に言わせると。

でも、神だから何でもできる、というのは違う。と、私は考えています。

この世には、神が作ってくれたものと、人間がそれに対して努力するもの、がある。

神が作ってくれたもの、ジャガイモだって奇跡です。トウモロコシだって奇跡、実に奇跡です。なぜ、あんな種があるのか、不思議なんですよね。

いく年も永々と、いろんなところで、人が生きられるようになってるものがあることがスゴイのです。

スゴイんだけど、段々畑作ったり、そこにお水を引いたり、という努力は人がしたんですよね。わかります？

畑をたがやして小麦を作り、それを粉にしてパンを焼く。そこではじめて、パンができるようになっているのです。

それを、想念でもっていきなりパンが出てくる、とかいうこと自体、この地球ではありえないことなんです。

普通の人は「そういうことが起きることが神の力だ」と言うけど、起こさないことが神の力。

ま、あなたが「そういうことが起きることが神の力だ」と信じたいのなら、そのままで行ってください。

「誰だれがパン出して何人救った、スゴイ」と思っててもいいです。

だけど、あのヤマザキパンは毎日パン作って、一日何万人と救っていますよね。あそこに、超能力者は一人もいないんですよね。

近所のおばさんとか、汗流して小麦を作っている人とか、そういう人たちで成り立っているんです。

これって、スゴイことだと思いませんか?

ごく普通のおじさん、おばさんが黙々とはたらいて、何万人も救っているんですよ。

私に言わせると、このほうが奇跡です。

ジャガイモやピーマン、神が作ってくれたものも奇跡だけど、超能力みたいなものをもたない人たちが一生懸命はたらき、人を救っているというのも奇跡なんです。

それで、前にも言ったとおり、神だから、神的だから、何かできるというわけではない、というのが私の基本的な考え方なんです。

神的な奇跡なんて起こさなくても、小麦の種をまいて、粉にすれば誰だってパンは焼けるんです。

この工程を飛ばすことがスゴイことではない、と私は言っているのです。

この世は、神の作った道理でできています。

神を持ち出したら、その道理を飛ばしていい、というのではないのです。わかりますか？

種の部分、神に感謝する。

そして、畑をたがやし、あとは天候を祈るんです。

作物が育つにはお日さまもいるけど、日照りばかりじゃなくて、雨もいりますからね。

だから、人間、むちゃくちゃ努力もするんです。だけど、神が作ってくれた命というものに感謝。そして、努力したあと、天候に恵まれ、お水に恵まれたことに感謝して、できあがったものを感謝して食べるという。

成功というものは、このパターンなんです。

人生、何においても、このパターンです。

科学を分析すると、普通に成功
神のひらめきを分析すると、奇跡的成功

普通の人は、科学を分析します。

たとえば、納税日本一ということを考えたとき、「どうやって、納税日本一になろうか」と思いますよね。

でも、私はそういう考えではやりません。

「大金《おおがね》は天が与える」

というのです。大金は天が与えるということは、

「天が与えたくなる人は、どんな人だろう」

私はそんなことを考えます。

そうすると、どう考えたって、お金持ちになっていばるような人より、お金を持ってもいばらないほうがいいんです。

人にいいことあったら、「よかったね」と言ってあげたほうがいいんです。

周りの人に親切にしてるほうがいいんです。

というように、「これはどう考えても神が選ばないな」っていうことをやめればいいんだ、と。

私は、そういう考えなんです。

それで、私は、いろいろ、ひらめく人なんですね。

「ひざの具合が悪くて困ってる人が助かるものがあるといいな」とか、知恵の種みたいなものを頭に入れたら、あとは心を最高に楽しい状態にしておくと、ある日、ポンと知恵が出る。ひらめくのです。

ひらめきは神の領域、というんです。

ここまでは、神が協力してくれるんです。

そういう考えの人なんですよ、一人さんは。

それで、一人さんの変わってるところは、科学だけじゃなく、神のひらめきも分析できるんじゃないか、と思ってるんですよ。

そんなことができるんですか、って？　できます。誰でもできるんです。

というのが、私の考え方。

普通の人はそんなことを考えないけれど、私は考えるタチなのです。


では、神さまは、どんな人にひらめきをくれるのか。

それは、神さまの味方をしてる人です。

そりゃあ、そうでしょう。あなただって、日ごろから自分の味方になってくれている人のことを助けようとしますよね。

ずぅーっと、あなたの邪魔ばかりしているような人の味方になってあげたいと思います？　思わないですよね。

だから、神のひらめきを分析するって、意外と簡単なことで。そういうことなんですよ。

では、神さまの味方をする、とはどういうことなのか。

一人さん的なことを話しますと、こういうことです。

私は、ふだん、自分のお弟子さん以外の人とはあまり会わないんです。そんな私が、講演会に出て行ったり、本もそうだけど、あっちこっち、引っ張り出されるのは、お弟子さんがお世話になってるところから頼まれると弱いからなんです(笑)。

そういうところから頼まれると、講演会に出ようとか、本を出そうという気になって、出て行っちゃうんです。

要するに、「神さまの味方をする」と言ったって、神さまが困っているということではないんですよ。

だけど、神の子である人間は、困ることがある。

そしたら、その困ってる人に力を貸してあげればいいのです。

親というものは、できの悪い子ほど、心配です。できの悪い子どもを一生懸命、世話してくれる人は、親にとってありがたい。そういうところに、親はお礼をしたい、わかりますね。

神も同じです。わが子が、未熟さゆえに困ってる。それを助けてくれる人は、神にとって、ありがたい人なんです。

神の子を助けると言っても、アフリカの難民を救うとか、そういうデカイ話ではないのですよ。

常に、今ここ、自分の足元。目の前にいる人で、困ってる人がいたら、自分のできる範囲内のことをすれば、それでいいのです。

ついでなので、もう一個、一人さん的なことを言いましょうかね。

一人さんは、神さまが言いたいことを、神さまの代わりに一生懸命しゃべっているんです。

なぜかと言うと、神さまは天国に住んでて、地球には絶対住めないのです。だから、人間がいくら神が来ることを望んでも、神はここに来られません。

昔からずっと、人は神の降臨を待っているけれど、神のほうは、わが子に言いたいことを自分の代わりに話してくれる人をずっと待っているのです。

だから、お互い待ってたんです、今までずっと。

神さまに代わって話すというと、ちょっと、あやしげなんですけど（笑）。

ちなみに、私はどの宗教も否定しませんが、自分自身はどこの宗教にも入っていませんし、ウチは宗教団体ではありません。

そんなことより、神さまが言いたいことの話ね。それは、どんなことかと言うと、神は「自分に感謝しなさい」とは、言わないんですよ。

神が言いたいことは、こういうことです。

「しあわせになりなさい」

「明るく生きなさい」

私はこれを、昔から言い続けてきて、今もこうして一生懸命、言っています。

天下無敵のアマテラス発想

「アマテラス」として生きる。

これが、私の人生のテーマです。

「自分が神さまだ」と言っているのではありません。

「アマテラス」として生きる、それは、あまねく人を照らすことです。

自分がいつも明るく生きて、周りを照らすのです。

だから、私はお弟子さんたちにも、

「あなた、そのままでいいよ」

と言ってきました。

「そのままでいいよ」とは、人の個性を否定しない、ということです。

神が求めるものは、みんな等しくしあわせ、なのです。

「サラリーマンは、サラリーマンとして、しあわせになりなさい」

「社長は、社長として、しあわせになりなさい」

そう言っているのです。

神は、ピーマンはピーマンのままで、しあわせになって欲しいんです。

トウガラシはトウガラシのまま、しあわせになって欲しいのです。

だから、私は、お弟子さんたちの個性をいじりませんでした。

お弟子さんたち、全員、個性が違うんです。そのなかで、一人ひとり、しあわせになる。

これが私の基本路線で、私の教えです。

だから、ウチの人たちって、みんな明るいんです。


「まるかん」は、個性、考え方の違う人が一緒にいて、みんなで楽しくワイワイやっています。

それと同じように、この地球という星は、考え方の違う人が一緒に生きられるのです。

何を言いたいのかというと、たとえば、私が「これをしたら、人生、豊かになるよ」と教える。だけど、なかには、やらない人がいるのです。

「こういうふうに考えたほうがいいよ」と教えても、なかにはやらない人がいるのです。

でも、それは、それでいいのです。

その人はその人で、「そのまま」だとどうなるかを学んでいるのです。

そういう時期が人生にはあるのです。

あなたは、あなたで、別の学びがあります。

みんな、学ぶものが違うんです。

それを、考え方の違う人を説得してなんとか自分のほうに、って。そんなこと、する必要なんてありません。

「私はピーマン。あなたはトウガラシ。ピーマンはいいよ、でも、トウガラシも赤くていいよね」

というふうに、やっていればいいのです。

だから、黄色い花は黄色く咲いていれば、いいんです。

赤い花は赤く咲けば、いいのです。

赤い花を黄色くしたりすると、されちゃったほうもたいへんだけど、するほうもエライ苦労します。

だから、相手を自分と同じ色に染めようとしてはいけない。というより、染める必要がないんです。

「ピーマンもいいね、トウガラシもいいよ」

これで、世の中、うまく行くようになっているのです。

アスファルトの上にピーマンはならない

よく会社で、従業員の士気を揚げようとする社長がいるんです。

「一致団結して、みんなで前向きに取り組もう」とか言って。

ところが、士気が揚がらない。「どいつも、こいつもなっちゃいない」とか怒っているけれど、それは、あなたが士気の揚がらないような作戦を立てているからでしょ？

というより、社長の方針が悪いのです。

食事もロクにとらないで栄養失調になった人に、いくら「元気、出せよ」と言ったって出るわけがないですよ。

それよりも、みんなの、思い思いのエネルギーがちゃんと出ていれば、オーケストラのハーモニーのようにうまく行くようになっているのです。

だから、士気が揚がらないときは、「元気、出せ」ではありません。

「なぜ、士気が揚がらないんだろうか」

社長はそういうことを考えないといけません。


士気が揚がらないには、揚がらないワケがあるのです。

たとえば、食事のバランスが悪い、たんぱく質が足りないとかで元気が出ないのに、それを補給しないで元気だけ出させようって、それは無理です。

ウチのパーティなんか、みんな、余興をしたり、旗を揚げたりして、スゴイ盛り上がるんですけど。みんな、自分たちで盛り上がっているんですよ（笑）。

だから、盛り上がるような段取りをすれば、勝手に盛り上がるんです。

「ウチの会社は盛り上がらない」って、盛り上がらないような計画を立ててるからなんですよ、私に言わせると。

ものには、必ず、歴然たる神の摂理、理論があります。

ピーマンの種をまけばピーマンがなるといっても、アスファルトの上にまいちゃってたら、絶対、ピーマンは出てこないのです。

ピーマンの種は、ちゃんと畑にまく。それで、ある程度の水があって、太陽があれば、ちゃんと出るようになっているのです。

だから、道理を無視してはいけません。

畑の野菜が元気ないのは「元気出せ」の問題ではないのです。

何かが足りない。

ちゃんと、「何が足りないんだろう」と考えて、足りないものを補ってください。

そうすれば、うまく行きますから。

「無のなかの有」が最高のプレゼント

神というのは、想念、というか、「無のなかの有」というのかな。

無のなかの有。

どういうことかと言うと、たとえば、誰かがお金に困ってるとします。神さまは、「この人にお金をあげなさい」とかいうことを、あまり言わない。

与えてなくなるものを「あげなさい」と、言わないのです、神は。

それより、私が豊かになった考え方を教えてあげなさい、とか。

だから、私が人に教えるべきことは、たとえば、自分は中学校しか出ていないけれど、こんなに豊かになったよとか、ね。

それから、昔は、中学校しか出ていないけれど、土建屋さんやなんかで成り上がって、とかいう人。そういう人は、すごいバイタリティではたらくんですよね。

だけど、私は、バイタリティがあまりない（笑）。私、子どものときからからだの具合が悪かったんです。だから、私は「バイタリティがなくてもなれるよ」って。そのやり方を、こうやって一生懸命、教えているんですけれど。

今回、この本で、もう一つ、もっといいことを教えようと思っています。

世の中には、すでに成功している社長たちがたくさんいますよね。

でも、「スゴイ社長」といっても、向こうは、自分より先にやっているだけです。どんなに会社がデカかろうが、年商何十億だろうが、何百億だろうが、やっていることといったら、微差。

「微差の追求」というものを、しているだけなんです。

どんな仕事でも、微差の追求ということには変わりはないのですが……。

たとえば、ラーメン屋なら、ラーメン。ラーメンには、絶対、麺《めん》とおつゆと、具が入っている。だから、麺の追求と、おつゆの追求、具の追求しかないんですよ。

あとはお客に対していつも笑顔か、愛想があるか。お店をちゃんと掃除してるかどうか。そんなもんなんですよ。

どんなにスゴイ店でも、ともかく、似たようなもの、どこだって似たようなものです。

しかも、うれしいことに、できることばかりです。

だから、できないものなんか、世の中に絶対ない。

何でもできる。

だから、向こうが先にやってること、その微差の追求を、ババババババッとやっちゃえば、いきなり追いついて、抜けちゃうんです。

だから、社長は、いい社長としてその微差を追求していけば、いいのです。

社員は、いい社員としての微差を追求していけばいいんです。

世の中というのは、あなたが思ってるより、ずっとシンプルなんですよ。

微差って、スゴイ！

この世は、すべて「微差が大差」

この世はどういう道理でできているかと言うと、微差が大差。

微差が大差を生むのです。

オリンピックでも、金メダルと銀メダル、世界記録と、もうちょっとで世界記録というのとでは、世間の注目度からいったらエライ違いですよね。

だけど、能力的なことでいったら、〇・一秒とか、微差の世界です。

山だって、「富士山は日本一だ」ということは知っているけれど、二番目に高い山はどこですかって、ほとんど知らない。三番だと、もっと知らない。

二番と一番とでは、知名度が全然違うんです。富士山の知名度はスゴイ、二番に比べて一〇〇倍、もしかすると一〇〇〇倍かもしれないぐらい、富士山の知名度ってスゴイんです。

でも、じゃあ、二番と比べて、富士山は一〇〇〇倍高いんですか？　って、そんなことはないんですよね。

微差なんですよ。微差なのに、知名度は大差なのです。

それと同じように、人生って、何でも、ちょっとした微差で大差なのです。たとえば、これは冗談なんですけど、「競馬」と、「乗馬」って、一字しか違わないですよね。

ところが、「自分は競馬が趣味です」と言うと、女性にモテないんですよ。だから、馬を趣味にするなら、競馬じゃなくて、乗馬にして（笑）。

だから、もう、ほんのちょっと、ちょっとの微差なんですよ。

微差と言っても、嫌なものの微差はダメですよ。いいほうの微差ですよ。

いいほうの微差が、大差を生むのです。

私がお弟子さんに教えたことも、いいほうの微差です。

「笑顔でいるんだよ」だって微差です。「整形しなさい」とか、言ったのではないのです。

みなさんの顔には同じように筋肉がついています。笑顔は、その筋肉を動かすか、動かさないか、だけのことです。ちょっと動かして笑顔にしてるだけで、笑顔じゃない人と、全然違うのです。

言葉だって、そう。これも微差なんですよ。

外へ食事をしに行ったとき、頼んだものがなかなか出てこない。そのとき、

「今日は昼から懐石料理ですね」

と言えば、笑っちゃうんです。

「遅い、遅い」と言ってるから、腹が立つんですよ。

頼んだ蕎麦《そば》が外れだったとき、「まずいね」では笑えません。

「この蕎麦はスゴイ！ 蕎麦からダシをとっている」

これで、笑えるんです。

否定的なことを言うか、肯定的なことを言うかで、これだけ違うのです。

服装もそうです。同じ値段の服でも、いつも暗い服を着てるより、明るい服を着てたほうがいいのです。

それで違うんですか？　って、違います。

この微差、笑顔だったり、言うことが肯定的だったり、着ているものが華やかだったりするだけで、この微差が掛け算になってくるのです。

ものスゴイ、結果が違ってきちゃうんですよ。

ホントに、仕事でも、日常生活でも、いろんなことが違ってくるのです。

大差ねらっても、大差つかない

世間の人から「斎藤さんは変わってる」と言われるのですが、私が世間を見ていて「ちょっと変だな」と思うことがあるんです。

それは何かと言うと……。

本当に必要なことはやらないで、やらなくていいことを一生懸命やっているのです。

たとえば、「生活費が足りなくて、やりくりがたいへんなんです」と言う人が、「子どもには大学行かせて、どうして、こうして」と言って、子どもに猛勉強させたりするのです。

その人にとっては「正しいこと」なんでしょう。世間の人が「正しい」と言うから、「正しい」と思っているんですよね。

だけど、私に言わせると、そうではない。

お金がないのなら、大学には行かないで、はたらけばいいのです。

大学に行くことが正しいと思ってるけど、あなたの家に必要なのはお金です。

お金がない人は学力をつけちゃいけない、と言っているのではありません。

今は、大学に通わせるだけの経済的ゆとりのない家の子のために、奨学金だとかがあるんです。その審査にも受からないのに、なぜ、大学にこだわるのか。それが、私には理解できないと言っているのです。

お金がなくても成績優秀ならば、国や学校とかが援助してくれたりするのです。それに引っかからないぐらいの成績、ということは、入れてくれる学校はそれなりです。それより、はたらけばいいのです。

「高校を出てはたらく」と言うと、出世できないような気がするらしいのですが、よく考えてみてください。

大学出が出世できたのは、一〇〇年前の、大学生がめずらしいころです。今は大学出はおろか、外国の大学を出た人が、そこらじゅうにいます。

昔は、「外国帰りです」と言っただけで、大騒ぎでした。今は、外国なんて、OLだって行くんです。そんなときに行ったたって、めずらしくもなんともない。

家にお金がありあまるほどあるのなら、私がとやかく言うことではありません。だけど、お金がなくて、借金してまで行くのって、おかしくないですか？

第一、高校出は出世できないって、中学出でも社長になれるんですよ。

ラーメン屋、一軒、持ったって社長なんです。ラーメンのチェーン店でもなんでも、居酒屋チェーン店でも作れば、億万長者になれるんですよ。

中学出でも、それができるのです。

微差を追求していけばいいのですから。微差の追求で、一軒が二軒、三軒と増えるんです。

私は、ホントに、学校へ行くのが嫌でした。高校も行きたくなかった。私にとって、学歴は必要のないものだからです。

私は子どものころからずっと、周りの大人を見ていました。親とか、周りにいる人たち、みんな商人だったんです。その人たちを見てて、「私には学歴は必要ない」と思ったのです。

だって、周りの大人たち、そんなたいした人ではないんですよ(笑)。方程式を解いている人も見たことないし、英語をしゃべってる人も見たことない。それでも、私の母は毎年一軒ずつ家が建つぐらい稼いでいました。

「これは早く社会に出て、いろんなこと覚えちゃったほうが勝ちだな」

私はそう思って、中学を出たあと、はたらいて、そして現在に至るという。

ともかく、わざわざ大学へ行って、一生使わないような方程式をやったり、一生使わないような英語をやったり。それ、何の役に立つんですか?

それ、お金とられるんですよ。タダでくれるものではないのです。

大学、大学、と言う前に、ちゃんとそういうことを考えたほうがいいですよ。

微差が、やり得なんだよ

仕事というものは、たいへんです。何でも、たいへん。

仕事と名がついてるもので、楽なものは一つもありません。

ただ、儲《もう》かる仕事はうんとたいへんで、儲からない仕事はたいへんじゃない、というのは嘘《うそ》。

儲からない仕事も、たいへんです。

知らない人は、「儲からなくても、こんなにたいへんなんだから、儲かるともっとたいへんだ」と言うけれど、そうではないのです。

倍儲かる仕事が倍たいへんなのだとしたら、一〇倍儲けている人は一〇倍たいへんなんですか？

一〇〇倍儲けている人は一〇〇倍たいへんなんですか？

一〇〇倍儲けている人は、一〇〇倍がんばっているのではないのです。

微差です。微差で大差なのです。

たとえば、私がラーメン屋だとします。そして今、ラーメン屋が全国に五万軒あるとして、私の店は三万軒目、ランクで言うと三万軒目だとします。

ところが、私が「もうちょっと、ラーメンの味つけをよくしよう」とやって、今までより一日三杯多くラーメンが売れると、確実に三〇〇軒ぐらい抜いちゃうのです。

味つけをよくしたうえに、「お店をきれいに掃除して、愛想よくしよう」とか。それから、「お客さん、どっから来たの」とか、「ありがとね、遠いとこからね」とか、お客さんに一人ずつ声をかけていると、お客さんは喜んで、もうちょっと来てくれたりします。すると、さらに何百軒も抜いちゃうんです。

この微差でグンッ、微差でグンッと、上がる。微差で倍ぐらい行くのです。

微差を一つ、二つ、三つ……と積み重ねていくたび、グンと上、グンと上、だから、微差がスゴイんです。

微差で大差がつくのです。

そして、微差だから、やったほうが得なんですよ。わかりますか？

大差でないと大差がつかないなら、私たちには打つ手はありません。だけど、同じ商品を売っている店がいくつもあるなかで、お客さんが「あそこの店へ行こう」となるのは、店員さんの笑顔がいいとか、微差です。

「お客さん、いつも、おしゃれですね。お客さんを見てると、私もうれしくなっちゃう」

とか、言われただけで、お客さんはその店をひいきにするのです。

お客さんが喜ぶことを言う人は、べつにお世辞で言っているのではなくて、ホントにそう思っていたりするのです。

そして、そう思ってる人は、他にもいっぱいいます。ただ、他の圧倒的大多数の人は、思っていても黙ってる。ここが微差なんです。

そしたら、「お客さん、いつも、おしゃれで素敵ですね。勉強になるわ」とか。

「お客さんのマネして、このアクセサリー買ってきたんだけど、どうかしら」

そんなふうに言われたら……。

自分がお客さんで、お店の人にそんなことを言われたとしたら、あなた、

「あぁ、あそこのお店に行ってあげよう」

という気になりますよね。

これって、微差でしょ。

こういうことを知らないから、一〇〇倍儲けている人を見て「あの人は自分より一〇〇倍スゴイんだ」と思うけれど、一〇〇倍スゴイ人間なんか、いるわけがない。実際、そうなんですよ。

だって、「魚沼産のコシヒカリは日本一だ」と言うけれど、どれぐらいスゴイのかというと、魚沼産以外のコシヒカリを持ってきて、黙って食べさせても、ほとんどの人はわからない(笑)。

わからないぐらいの微差なのです。

どの業界でも、そのぐらいの微差です。先に宣伝した人の勝ちとか、そういう微差の世界です。全部、微差なんです。

成功の秘訣
（わかる人には、この話はスゴイ話ですよ）

人間界って、おもしろいですよ。

人間は、だいたい同じような波動の人と一緒にいるのです。

簡単に言うと、「常に、どんぐりの背比べ」みたいなものです。

そのなかで、一個だけ微差をつけると、ちょっと、頭一個分、上がります。頭一個分上がる、それだけで十分です。

頭一個分、出てくると、今度、そこでまた、どんぐりの背比べになります。つきあう人とかが、今までと違ってくるけれど、常にどんぐりの背比べ。

だから、そのなかから、また一個分だけ、ちょっと、出ればいいのです。

「自分が伸びる」とか、「どんぐりがデカクなってくる」って言うと、たいへんそうに思いますよね。ところが、本当は、たいへんではないのです。

たとえば、たとえばの話ですよ。

日本一高い山といえば、富士山ですよね。

自分を日本で一番高いところに置きたかったら、富士山に登ればいいんですよね。富士山のてっぺんに行くと、日本で一番になれる。

ただ、富士山には、年間何万人かが登るんです。じゃあ、日本一になれないじゃないかと思うかもしれないけれど、ほとんどの人は、肝心なことを忘れているんです。

それは何か。

富士山に脚立《きゃたつ》を持って行く人が一人もいない（笑）。

踏み台をかついで行って、山頂で踏み台を出して乗れば、日本史上最高に高いところに立てるのです。

せこい話かもしれないけれど、事実上、そうなんですよ。

脚立を持って行く。この微差で、大差なんです。

要するに、自分がいる業界、職場でも、一番の人がいますよね。その人がやってることを、じぃーっと見て、いいことをマネすればいいんです。

そこに脚立分だけ、ちょっと、微差をくっつければいいだけなのです。そしたら、大差です。わかりますか？

自分が蕎麦の修行をやっているんだとしたら、人気店の蕎麦を一生懸命、食べたりして、それに、ちょっと乗せるのです。それで大差です。

それなのに、「自分は自分のオリジナルで行くんです」とか言って、下から全部、自分でやろうとする人がいるのです。

それ、富士山を自分で作ろうとしているのと同じです。

そんな苦労はやめたほうがいいですよ。

自分一人で富士山を作るのは不可能ですよ。

それより、もうすでに富士山があるのです。周りじゅうに、宝の山が転がっているのです。

そこへ脚立を持って行って、乗ればいいだけなんですよ。

微差が楽しい！

世の中なんでも、魅力です。

商品の魅力。

会社の魅力。

それも必要ですが、とくに大切なのは人間の魅力です。

魅力的な人間なら、人に好かれて、しあわせなんです。

それから、今、どこの会社も、似たような商品を出しています。そのどんぐりの背比べで、一個、頭を出そうと思ったら、人間の魅力でもって微差、微差と、やっていかないといけません。

場末にあるちっちゃい店でも、お店の人に魅力があれば、お客さんは来ます。

魅力があれば、何でもうまくいくようになっているのです。

ちなみに、俳優さんで、私が気に入っているのは片岡千恵蔵さん。この人はスゴイ!

あと、中村錦之助さん、片岡さんには勝てないけれど、錦之助さんもスゴイです(もう二人とも亡くなっていますが)。

錦之助さんのどこがスゴイかと言うと、伊達政宗をやると伊達政宗に見えるんです。一心太助をやると魚屋に見える。やくざの親分をやると親分に見えるし、森の石松をやると抜けた人に見えるのです。

同じ役者でも、殿さま役はできるけど汚れ役ができない、という人がいますが、錦之助さんは殿さまから商人からなんでもやります。それだけではありません。

錦之助さんの芝居を見たお客さんは、どの役を見ても「こういうふうに生きたい」と思うのです。

一心太助をやれば、「こういう魚屋になりたい」と見る人が思う。人に、そう思わせるものが、錦之助さんにはあるのです。

ただ、片岡さんのほうがもっと上手《うわて》です。

あの人のスゴイところは、片岡さんって、剣戟《けんげき》の役者なんですよ。殿さまから剣客からなんでもやれる。さらに戦後、GHQの占領政策で剣戟映画の本数が制限されたら、今度、現代劇で、多羅尾伴内《たらおばんない》シリーズ「七つの顔」とかに出てきた。

「あるときは片目の運転手、またあるときは老巡査……しかして、その実体は、正義と真実の使徒、藤村大造だ！」

っていう、多羅尾伴内。

だから、もう、何でもありなんですよ。

それで、何をやっても様になる、カッコいいのです。

あの人が出てくると、若いときの高倉健さんとか、今でいうイケメン俳優が出てきても絶対に勝てません。

ハンフリー・ボガートがあれだけ人気があるのは、片岡さんがいなかったからじゃないかと、私は思っているんです。

ただ、片岡さんって、足は短い、顔はデカイ……（笑）。どうしたって、いい男ではないんですよ。

いい男で売れているというのは、当たり前です。

ところが、ときどき、いい男じゃないのに、いい男をやっつけちゃうような人がいます。女の人でも、そうですよね。

こういう人が、人間の魅力の、スゴイ勉強になるんです。

私は、子どものときから、そういう人を、じぃーっと見てて、子ども心に「美人は、ブスで魅力的な人に勝てない」とか思ったり。

「魅力は、絶対、微差なんだっ！」と思っていました。

これが謎《なぞ》解きゲームみたいなもので、おもしろい！

服装から、しぐさから、言い方から、微差の連続なのです。女の人だったら、ものをはっきりと言うとか、思いやりがあるとか。

その微差がかたまって大差になっているのです。

しかも、できるようなこと、ばかりなんです。たったこれだけのことで、こんなに違うのかという。

そこが、おもしろい！

それで、魅力的になるというのは、魅力的な人間から「微差をいくつ学べるか」です。

ともかく、ババババババ……と、微差を学ぶ。そして、学んだものを、タタタタタ……と片づけるんです。

微差を片づけるのに時間をかけない、いや、もしかすると「時間がかからない」と言ったほうが正解なのかもしれません。

だって、自分が魅力的になるのは、楽しいことだから。

楽しいことは、今すぐやりたくなっちゃいますからね。

惜しまれて会社を辞める人が成功する

「一人さん、私、会社を辞めたいんです」

そうやって相談する、サラリーマンの人がいます。

そのとき、私は決まってこう言います。

「辞めてもいいけど、職場の人に惜しまれて辞めるんだよ」

実を言うと、惜しまれて辞めるというのは、成功の秘訣《ひけつ》なんです。

惜しまれずして会社を辞めた人で、その後の人生、成功した人はまずいません。

成功してる人は、会社を辞めるときに必ず惜しまれて辞めているのです。

私のお弟子さんたちも、社長になる前は、ハンコ屋の営業マンだったり、教習所の教官だったり、保険会社のOLだったり、新聞社の契約社員だったり、みんな、人に使われていました。今、立派に社長をやっています。

お弟子さんたちは、特殊な才能をもった人ではありません。商売の天才でもないのです。

ただ、あの人たちは、全員、前の職場で「辞めないで」って、惜しまれて辞めています。わかりますか？

みなさん、ここらで肩の力でも抜きましょうか。ちょっと、おもしろい話をします。

天才って、天才がわかるんです。

天才って、発想が違うんです。

昔、家康が天下をとる前の徳川家って、今川家の属国だったんです。

今川家は、敵に攻められても、自分のところからは兵隊を出さなかったんです。今川の属国みたくなっていた徳川家から兵隊を出させて、徳川家に戦争させてたんです。

徳川家は、家康が人質にとられている、自分たちの殿さまが人質にとられているから、今川には逆らえない。だから、いつも戦うんだけど、戦に勝っても恩賞がないんです。今川家は、恩賞もくれなかったんです。

と、ここで、普通の人は「徳川家が損してる」と、思うんですよね。

ところが、秀吉が足軽のときに、それを聞いて、こう言ったのです。

「そんなことをしてたら、徳川家だけが強くなって、たいへんなことになっちゃう」

さすが、天才・秀吉、着眼点が違いますね。

でも、これがホントなんです。

恩賞ももらわないではたらくクセをつけたら、エライつわもの集団になってしまうんですよ。戦上手になっちゃう。

今の話と、惜しまれて辞める話とどういう関係があるんですか、って？

惜しまれて辞めるとなったら、いつも笑顔ではたらいて、上司に「おーい、斎藤くん」って呼ばれたら、「はい！」って、いい返事をしたりするとか、しなきゃいけないんです。

返事がよくて、笑顔ではたらいてたら、仕事を頼みやすいから、倍頼まれるんですよね。

ところが、人生、失敗する人というのは、「同じ給料なら、はたらかないほうが得だ」と思うのです。

だから、職場で頼まれごとをしたとき、嫌な顔するんです。イヤイヤ返事するんですよ。そうすると、上司や周りの人が仕事を頼みづらくなっちゃう。

頼みやすい人と頼みづらい人、笑顔と返事、たったこれだけの微差です。これで、雲泥の差が出るんです。

会社にとって、愛想よく返事して、笑顔で仕事をやってくれる従業員ぐらい、ありがたい人はいないのです。わかりますか？

なおかつ、仕事を倍頼まれると、人の倍、仕事を覚えるんですよ。どんどん、仕事ができるようになる。

だから、仕事を倍頼まれるような人は、どこの会社へ行こうが、独立しようが、仕事がうまく行くようになっているのです。

辞めた後に成功するかしないかは、仕事を倍頼まれることは得だとわかっているかどうかなんです。

だから、会社を辞めるときは、半年間なら半年間、そこで一生懸命はたらいて、惜しまれて辞めてください。

それが、次の職場へ行っても、次の仕事をしても必ず成功するカギです。

そして、今、あなたがいる職場で、成功する秘訣でもあるのです。

期待以上がおもしろい！

この話は、はっきり言って、スゴイ！　究極の話です。

何が究極かって、ひと言で、すべての成功を語りつくすという。

「期待以上」

たったこれだけです。


すべての成功とは、期待以上。


この説明だけじゃあ、さみしい？　じゃあ、もうちょっと話をしましょう。

世の中には、三つのパターンしかありません。

期待どおりは、普通です。

期待以下は、消えて行くしかない。

期待以上で、はじめて、プロなのです。


では、期待以上とは、何か。

たとえば、「天城越え」という歌があります。みなさん、知っていますよね。この歌を聴いたことがありますよね。

だけど、石川さゆりのコンサートに行って、「天城越え」を聴いたら期待以上に感動して帰ってくるんです。わかりますか?

はじめて聴いたのではないのです。一〇回も、一〇〇回も聴いた人を感激させるんですよ、プロの歌手は。

それだけではないんですよ、プロというのは。

いつも劇場へ見に行ってる人に、

「今日の舞台、最高でしたね」

と言われて、はじめて本物なんです。わかります?

ラジオで聴いてた人、テレビで見てた人が、はじめて本物を見て、感激するのではないのです。

本物を何回も見にきた人が、「今日の舞台、最高でしたね」って。

相手が期待してくる以上のものをパーンと、返せるかどうかなんです。

だから、もし居酒屋なら、「そのへんの居酒屋だろう」と思って入ってきたお客さんを感激させて帰す、ぐらいじゃなきゃダメです。

期待どおりでは、人はもう飽きちゃう。期待以下は論外です。

常に、期待以上。

「期待以上って、たいへんですね」じゃありません。

期待以上が、おもしろい！

常に、微差、微差でいいから、常に上にあげればいいのです。

どんな仕事でも、それをやって、はじめて、おもしろくなってくるんですよ。

「たいへんだ」と言う、あなた自身、人には常に期待以上を求めてるでしょ？

お店に行くときだって、期待して行きますよね。それで、期待どおりだったら、まあまあ納得して帰るけど、期待以下だったらガッカリするじゃないですか。

映画を見に行くのだって、何だって、自分たち、そうしてますよね。

人に期待以上を求めるのなら、自分だって、人の期待以上のものを出したほうがいいですよ。


期待以上。

どのぐらい相手を喜ばせられるか。

どのぐらい相手を感動させられるか。

これにつきます。


私は、講演をするときも、いつも、来てくれる人に「今日は最高だ」と言われるように、常に期待以上ということを頭に入れてるんです。

期待以上が一番おもしろいですね。

期待以上。

いくら期待されても、私が応《こた》えるのは、それ以上にしたい。

そういう想いです。

それが、おもしろいのです。

本当におもしろい、なぁなぁでやってて「こんなもんでいいだろう」っていうのと、たとえ、うまくいかなくても、「期待以上のものを持って帰ってもらおう」としてる人間は、わかるんです。波動でわかります。

だから、そこに感動が出てくる。

それで、期待以上って、みんなが思っている以上に、難しくないんです。

期待以上のものを出すというのは、「期待以上のものを出す」という決意があればいい。

「期待以上のものを出そう」と思うと、なぜか、できる。

だから、さっきの富士山と同じです。脚立を持って行って、乗ればいいだけなんですよ。

だから、「期待以上のものを出す」と決意して、ものをやる。そうすると、さらに上に行っちゃうんです、相手の期待は。そしたら、それ以上になる。

心配しなくていいですよ。

人は際限のない創造物です。

いくらでも、可能なんです。

「常に期待以上のものを出す」と決意した人間には、天が味方します。

そして、みんなが感動して喜んでくれたときの笑顔を見たとき、心の底から喜びがこみあげてきます。

だから、期待以上を続けてれば、天も味方するし、世間も味方する。すべてが味方してくるのです。

だから、決して難しいことではありません。

期待以上が、一番おもしろい！

このおもしろさは、一度体験したら、もう病みつきですよ。

お坊さんは「こだわらない」にこだわってる

この世の中には、微差を馬鹿にする人と、微差を馬鹿にしない人がいます。
プロは微差を馬鹿にしない人のことです。
そして、プロとは、こだわりです。
「どのぐらいこだわるか」なのです。
だから、自分が焼き鳥屋だったら、焼き鳥に執着するのです。

福井のほうに「秋吉」という焼き鳥屋さんがあります。「焼き鳥なら秋吉」と言われるぐらい、大きなチェーン店なんですけれど、そこの社長は焼き鳥に命かけているんです。うまい焼き鳥を追求して、追求しているのです。
他の焼き鳥屋が大きな焼き鳥を出しているなかで、「焼き鳥はデカイのより、小さいほうがうまいんだ」とか言って、やっています。

炭にもこだわっています。たいがいのお店は備長炭で焼くのですが、秋吉は「焼き物には、炎が出る炭のほうがいい」と言うのです。

そこまで、こだわっているんです。

炭にこだわり、焼き鳥の大きさにこだわり、ひとクシはどのぐらいの大きさがいいか、クシの太さはどれがいいか……。いろいろ、こだわったんです。

そうやって微差を追求して、微差を積み重ねていったら、「焼き鳥なら秋吉」と言われるぐらい、もう一〇〇店舗以上もの店が出ちゃうんですよ。

ひとクシ一〇〇円かそこらの焼き鳥を売って、年商何億、何十億になっちゃう。

「こだわり」ということのなかで、世間の人が誤解していることがあるんです。

よく、お坊さんやなんかが「人生、こだわっちゃいけない」とか、「執着しちゃいけない」って言いますよね。

そうやって言われると、こだわりは「悪いことだ」というような気になるけれど、実はお坊さんもこだわってるんです。

お坊さんは、どのぐらい執着しないかの修行なんです。「執着しない」ということに執着しているんですよ。

だから、ラーメン屋なら、ラーメンにどのぐらい執着できるか。執着して、執着して、執着して、「コショウは何がいいだろう」「醤油《しょうゆ》は何がいいだろう」と、どれぐらい執着できるかなんです。

その執着度によって、結果が違うのです。

それによって、微差、微差、微差が積み重なるたびに、倍、三倍、一〇倍と変わってきちゃうのです。だから、おもしろいんですよ、微差は。

ホントに、世間の人は、損をしてます。

東大生は、東大に入ることに執着したんですよね。

野球の選手は、野球の選手になることにスゴイ執着して、朝から晩まで練習してるんです。

仕事にあれだけ執着したら、たいへんですよ。私、あんなに仕事に執着している人、見たことないです（笑）。

ストーカーは、女の人をずぅーっと追っかけているんです。あのエネルギーで仕事を続けられたら、誰も太刀打ちできません（笑）。

おまけに、自分から追いかけなくても、もっとすばらしい女の人が一〇倍ついてきます。わかりますか？

みんな、執着するもので損してるんです。

微差が大差。ここ、ちょっとした微差なんですよ。

女性に好かれるのも、嫌われるのも、微差なんです。着てるものが清潔かどうか。ファッションだとか、言ってる言葉だとか。

この微差の塊なんですよ。

際限なく頭がよくなる方法

人間の頭ってね、本当は、際限なくよくなるんです。

頭がよくなる人と、ならない人の違いは、

「微差のスゴさがわかるかどうか」

たった、これだけなのです。

松下幸之助さんは、「経営の神さま」と言われるぐらいの人なんですけれど、松下さんも微差の人です。

あの人はどれぐらい頭がいいかというと、昔、ビデオのＶＨＳ《ブイエイチエス》とβ《ベータ》マックスで戦ったじゃないですか。あのとき、松下さんはＶＨＳを選んだんです。

何を根拠に選んだのかというと、松下さん、それぞれのデッキを持ってみたんです。そしたら、ＶＨＳのほうが軽かった。それで、「これがいい」と。

実に、「経営の神さま」らしい選択のしかたじゃないですか。

これこそが、商売を長年やってきて、ずぅーっと微差を積み重ねてやってきた人に出る、神的直感です。

技術でいったら、βマックスのほうが上だったのです。だけど、ＶＨＳが軽いということは部品が少ない。部品が少ないということは安くできるんですよ。

いくら「βマックスの技術のほうが上だ」と言っても、映りは微差なんです。

同じぐらいの映り、それが微差だとしたら、お客さんは安いほうを選ぶのです。

「微差でいいほう、いいほう」と言っても、その微差は技術屋にしかわからない。

そうすると、値段が高ければ、安いほうを買っちゃうという。

こういうことを、デッキを持った瞬間、パッとわかっちゃう。

これが、商売のカンです。

常に、微差を磨いている人に出てくる直感なんですよ。

あの本田宗一郎さんも、手でこうやって触るとね、ノギスでは測れないような○・○何ミリまで、わかったそうなんです。

あの人の手はゴツゴツなんですよ。なめらかでしなやかな手をしてるんじゃないんです。そのゴツゴツした手で触ると、○・○何ミリまでわかっちゃう。

これも、微差にこだわった人間に出る神的直感です。

だから、微差のスゴさがわかり、微差を積み重ねていった人間は、際限なく頭がよくなる。

微差が大差なんです。

微差を追求して、追求して、微差を突き詰めていくと、いろんな考え方が見えてくるのです。

さっきの四つ玉ゲームじゃないけど、自分のことばかり考えて商売していると、「ちょっと、人のことまで考えてみようよ」とか、「ちょっと、それ、社会のためになるか、考えてみな」とか。ものが、見えてくるのです。

おもしろいでしょ？　だから私は、微差が楽しくてしょうがありません。

一番を抜いた、キミョーな微差

商店街の一番いいとこで、流行《はや》ってる店がありますよね。

ところが、ときどき、路地の曲がったところやなんかで、流行っている店があるのです。

ここが一番、商売のおもしろいところです。

そして、ここが一番、私の見たいところなんですね。

なぜかと言うと、人間でも、いい男で人気があるのは普通なんです。でも、そうじゃない人で人気があるのを見てると、おもしろい。そのうえに、タメになる。それと、同じです。

だから、もし、私がお店をやっているとしたら、絶対やることは、

「どっか引っこんでるところ、山のなかとか、そういう場所で流行っているお店があったら、教えてください」

と書いた紙をお客さんに配ろうと。

休みのたびに、そこのお店に行って、見てきたら、おもしろくてしょうがない。

だって、そこは、もう、宝の山なのだから。

宝の山と言うとオーバーに聞こえるかもしれないけれど、オーバーじゃない。

ホントにお宝が山のようにあるのです。

昔、ある人が、名古屋だかどこだかにある肉屋がスゴイ流行っていると聞いて、

見に行ったんです。

ところが、肉を買って食べたけど、味は普通だった。でも、流行ってる。

「何でだろう、何でだろう」

その人は、ワクワクしながら、肉屋をじぃーっと、何日も見張ってた。それが楽しいワケですよ。クイズですからね、謎解きゲームみたいなものだから。

そしたら、ふと、看板に目が行ったのです。

看板には「肉は一番、電話は二番」と書いてあって、「絶対、これだ！」と。

実は、肉屋をじぃーっと見張っていた人って、カステラ屋さんなんですよ。

それで、「絶対、これだ！」と言って、「カステラ一番、電話は二番」、なおかつ「三時のおやつは文明堂」と(笑)。

でも、このコピーで、文明堂のカステラはスゴイ売れたんですよね。

世の中に、カステラ屋はいっぱいあるのです。ところが、「カステラ一番、電話は二番、三時のおやつは文明堂」でやられちゃった。

昔は、「カステラと言えば福砂屋」と言ってね。福砂屋のほうが有名だったんですよ。それが今では、福砂屋を知らない人が多くて。文明堂のほうが知名度で、はるかに勝っちゃったんです。おもしろいでしょう。

このおもしろさを知らずして、何としよう。

だから、プロは、ラーメン屋だったらラーメン屋から学ぶんです。それで、微差のおもしろさがだんだんわかってくると、達人になる。カステラ屋が肉屋を見張ってたりするんですよ（笑）。

普通、カステラ屋は肉屋を見張りませんよ。それを、じぃーっと見ててね。食べてみた、何してみた。その結果、「絶対、あの看板だ！」「電話番号だ！」って（笑）。

そこに、おもしろさがあって。

そして、微差をやっているところは、他の微差も追求してるのです。

だから、ラーメン屋は、休みの日にラーメンを食べに行ったりね。ラーメンじゃなくてもいいから、流行っているところを、見なきゃいけないのです。

ところが、不思議なことに「お客さんが来ない、来ない」と言っている店ほど、ヨソを見に行かないのです。

「この商売をやっているんだったら、あそこのお店を見てくるといいよ」と、私が教えても行かない。

そういう人を、じぃーっと見ていると、特徴があるんです。

「商売は食うためにやってて、本当は仕事を辞めたいんだ」

「お金があったら、やりたくないよ」

そういう考えで仕事をしているのです。

一方で、長年、儲け続けている人の特徴は、「商売ぐらい、おもしろいものはないんだ」と思ってる。

だから、これも微差なのです。

要は、ものの考え方です。

考え方一つで、すべてが違ってしまうのです。

一人さんが教えた精神論

成功は「人生は芝居だ」から始まる

私がお弟子さんたちに教えたのは、精神論です。

「人生って、楽しいよ」

こうやって微差をやると、人生って楽しいよ、と教えました。

それで、私の精神論というのは、簡単に言うと、お芝居なんです。


人生って、ほとんどお芝居なんですよ。

たとえば、私がセブン-イレブンで、はたらくとします。セブン-イレブンの従業員、売り子、という役です。

そのとき、その役柄を頭のなかでイメージして、

「自分は最高の売り子なんだ」

と思う。

そうすると、笑顔が違うし、「いらっしゃいませ」が違うのです。見事な笑顔、

見事な「いらっしゃいませ」になります。

だから、自分がもらった役で、どう名演技するか。

それが、人生、おもしろくて、楽しくなるコツです。

お芝居は、見ても楽しいけれど、自分で役作りして、演じたほうが何倍も楽しいですからね。

しかも、名演技ができたら、人生、たいがいのことは成功なんです。


自分の人生、自分が主役です。

一人ひとりが、主役です。

もらった役が「気にいらない」と、主役がグダグダ言ってると、芝居がめちゃくちゃになるんです。

「金持ちの家に生まれたらよかったのに」とか、「足が長くて、いい男だったら」とか言ってても、自分が苦しいだけです。

それより、人生って、どういう名演技をするか、だけなんです。

それで、私の教えの基本は、天に神さまがいるんだ。神さまが、芝居の監督なのです。

監督がほれぼれするぐらいの名演技をやっていると、次に、ちょっといい役をもらえます。そしたら、また見事にその役を演じる。そしたら、次、次って。

そうやってると、どんどん、どんどん、いいことが起きるのです。

いいですか、人間はしあわせになるために生まれたのです。

それは、義務です。人間は、不幸になってはいけないのです。

だから、与えられた環境でしあわせになる。

これができたら、商売もうまく行くのです。

なぜかと言うと、商売も、与えられた環境で繁盛させなきゃならない。そのためには、どうしよう、って。

だから、この、思いどおりにならない世の中を、どうやっておもしろく生きられますか、というのと、この儲《もう》からない商売をどうやったら儲けられますか、というのは同じなのです。

どっちも同じ、謎《なぞ》解きゲームです。

それを、「裏路地に店があるからお客さんが来ないんだ」「人通りが少ないからダメなんだ」とか。

そんなことばかり言っているから、「どうやって、繁盛させよう」という頭がないのです。

私が、もし、川のそばにあるお店を与えられたら、そこを繁盛させます。

普通は、「川の近くの商売は損だ」と言うのです。土手があったり、川が流れていると、向こうから客が来ないから不利だと。

でも、そんなこと、片岡千恵蔵先生だったら関係ない（笑）。足が短かろうが、顔がデカかろうが、いい男をやっつけちゃうのと同じで。

だから、場所なんか、関係ないのです。人間の魅力から何から、微差、微差、微差って、積み重ねていけば、うまく行くのです。

居酒屋だったら、居酒屋業界の片岡千恵蔵にでもなればいい。そういう、一つの遊びです。人生は、お芝居なのです。

ウチの会社は、この精神論で、商売を楽しくやっています。

サラリーマンの人も、専業主婦の人も、この精神論で行くと成功です。

お芝居してください、自分の役を見事に演じてみてください。

会社の生命線、ココが分かれ目

人生、何でも、細かい努力が大事です。

細かい努力は、絶対、無駄ではありません。

商売でも、細かい努力が、みんな実を結んで、全部に違いが出てくるのです。

どんどん大きくなり続ける会社というのは、細かいところにどんどん、どんどん、さらに執着するところなのです。

日本が世界に誇るメーカーがいろいろありますよね。そのメーカーも細かい部分に執着して、あそこまでになったのです。○・○何ミリ狂ってるとか、○・○

○いくつとか、微差を追求したんです。

逆に、外国では追求しない会社も数多くあったんです。

だから、日本が成功してる部分は、微差を追求したものなんです。

たとえば、以前は、エレベーターでも、各階、ピタッ、ピタッと合うのは、日本製ぐらいだったんです。外国人は、「べつに、ちょっとぐらいズレててもいいか」という感覚だけど、日本人は違うんです。

日本のは、各階ピタッ、ピタッ。各階、幅が違うのにもかかわらず、ピタッ、ピタッと合うんです。

だから、エレベーターを考えたのは外国人だけど、売れるのは日本製だったんです。なぜかと言うと、微差を追求したからです。

わかりますか？　うまく行ってる会社は、常に、細かい努力、微差を追求しているのです。

繁盛してる店も、微差を追求しています。

以前は繁盛していたのに、流行《はや》らなくなっちゃった店は、必ず、微差の追求をやめています。

さらに言うと、今の時代は、「大きくしよう」と思ったところがつぶれる。

これからは、「大きくしない」つもりのところが、大きくなるのです。

どういうことかと言うと、今すでに、お客さんがいるのです。その人たちが絶対満足するものを出せばいいのです。

それを、その人たちのことを忘れて新しい客層に目を向ける。新しい客層に目を向けても、現実に、今の人たちも満足してないのに、新しい人を呼び込んだってしょうがないのです。

でも、今の人たちが満足すれば、その人たちが知り合いを紹介してくれたり、「あそこのお店、いいよ」と噂《うわさ》もするから、新しいお客さんも来るのです。

だから、今まではテレビで宣伝して、折り込みチラシで宣伝してとか、やっていたけれど、今は、昔ほど効果がありません。だから、外に向けて何かをやる、ではないのです。

ラーメン屋で、今、一〇人しかお客さんが来ないのだとしたら、その一〇人が満足すること、もっと喜ぶことを考えればいいのです。

それをやって、お客さんが週一回しか来なかったのが二回来てくれたら、倍になります。

さらに、そのお客さんが「週二回も、あそこのお店に食べに行くんだよ」と言ったとき、新しいお客さんもついてくるのです。

だから、商売は、広げようとしてはいけません。

それより、充実させるのです。

今、来てくれているお客さんが「楽しくてしょうがない」と思うようなことをするのです。

人はおいしいものを食べれば、楽しくなっちゃいます。お客さんと明るい会話をすれば、もっと楽しくなっちゃうのです。

そうやって、今、来てくれている人が楽しむことをいつも考えて実行すれば、お客さんは絶対に増えます。

だから、今、自分の目の前にいる人を喜ばせてください。外に目を向けちゃダメです、目を離しちゃダメなんです。

そこで、微差、微差、微差を積み重ねていけば、そこから、絶対、ものが動きだします。わかりますか?

ところが、そういうことをやっているうちに、お金を持ったりすると、「海外に進出するんだ」とか、大きなことを言いだす。細かいことに執着しなくなってくるのです。

だいたい、細かいことを言わなくなって、デカイことを言いだすとつぶれます(笑)。そうじゃない、微差なんですよ。

いいですね、ちゃんと足元見て、微差を追求し続けてくださいよ。

みんなに必要な観音菩薩の行

私の教えで「愛の押し出し」というのがあるんです。

人のために何かをやるとき、人を導くとき、この愛の押し出しが必要なんだ、と私は言うのです。

ところで、愛の押し出しとは、いったい何なのか。

私の知り合いで、スゴイ才能があって、スゴイいい人がいます。

その人は、自分の地元を盛り上げるために、「こうしよう」とか、「ああしよう」とか、一生懸命、町の人たちに訴えているんです。

ところが、町の人は聞く耳を持ってくれない。

なぜかと言うと、その人は清貧の人、「清く貧しく美しく生きるのが正しい」と思っているからです。

要するに、その人は、着る物から身につける物から、すべて地味なんです。

そういうのを、一人さんは「押し出しが足りない」と言うのです。

本人は、地味にしているのが「正しい」と思ってやっているのだけれど、人間って、そういうものではないのです。

人間というのは、あなたをひと目見たとき、「この人、スゴイ」と思うから、言うことを聞いてくれるのです。

「あの人、本当はスゴイ人だったんだぁ」

そうやって、あとでスゴさをわかってくれることを期待しても無理です。だって、人間、本当にわかりあえるほど、そうそう頻繁に会うことはないのだから。

だから、はじめて会ったそのとき、相手があなたを「スゴイ」と思わないとダメなのです。

そのために「愛の押し出し」というものがいる。

殿さまというのは、お城に住んでて、立派な駕籠《かご》に乗ってやって来るから、庶民は「殿さまだ」とわかるんですよね。また、そういう人にほめられるから、うれしいのです。

この前の戦争だって、天皇陛下が「戦争はやめよう」と言ったから、終わったんです。天皇陛下は皇居に住んでいるのです。

その辺の人が同じことを言っても誰も聞いてくれませんよ。わかりますか?

どんな人がものを言うか、なのです。

お釈迦《しゃか》さまは布みたいの巻いてても、みんなに尊敬された。だから、人間、なりじゃないいんだ、と言うけれど、そうじゃないのです。

お釈迦さまは王さまの息子だということを、みんな、知っていた。しかも、いろんなエライ人、他の国の王さまやなんかがお釈迦さまに頭を下げているところを見ていたのです。

だから、みんな、お釈迦さまの話をありがたがって聞いたんですよ。お釈迦さまの素性を知らないで、最初から「教えがすばらしいから」って、聞いたのではないのです。

だいたい、あんな難しい説法、聞いたところで、普通の庶民には、わかりゃあしない（笑）。

そうではなくて、エライ人が頭を下げたりしてるから、「あ、この人、エライ人なんだ」と思って、人は聞く気になるのです。わかりますか？

だから、ホントに人を導いてあげたい、救ってあげたいと思ったら、汚いカッコしてちゃダメです。清潔にしてても、地味じゃダメなんです。人がパッと見て、「この人、カッコいい」とか、「ステキ！」と思うような、カッコをしていないといけない。

それが、「愛の押し出し」というものです。

だから、観音菩薩《かんのんぼさつ》って、スゴイきらびやかでしょ？　観音さまは、人を救うために、ああやって、おしゃれにしているのです。

人は「いいなぁ、こういう人にあこがれるな」って思って、はじめて話を聞くものなんです。それじゃないと、聞く耳持ってくれない。だから、きらびやかなカッコしてるのです。

それが、愛の押し出し。

だから、私は、お弟子さん、「まるかん」の社長たちに言うのです。

「みんな、キチッとした身なりをするんだよ」

「おしゃれで、華やかな服を着てなよ」

「アクセサリーとかつけて、華やかにしてなよ」

見栄で、「そうしろ」と言ってるのではないのです。

世間の人が、ひと目見て「この人、ステキだな」って思うような身なりや話し方をしないといけないんです。

だから、人のためにやるものって、あるんですよ。


人にいいこと教えるのだから、何もしなくていいんだ、ではないのです。

すばらしいビルを建てるには、土台がいります。しっかりとした土台を築いてから、その上に家を建てるのと同じように、いい意見を言うのには押し出しがいるのです。

押し出しもしないで、いい意見だけ言ってて、

「みんな、オレの言うこと聞いてくんない」

って、そんなもの当たり前ですよ。人間は、そういうふうにできていないので

す。そんなものです。それが現実です。

みんな、うまくいかないのは、現実を無視しているんです。

飛行機を飛ばそうと思ったら、羽をつけて、プロペラをつけて、ちゃんと道理どおりのことをやらないと。現実を無視したら、飛行機は飛びませんよ。

それと同じように、人に話を聞いてもらおうと思ったら、聞いてもらえるだけの段取りをつけないといけないのです。

さっきの話じゃないけれど、「ウチの会社は士気が高まらないんです」って、あなた、高まるだけの段取り、ちゃんと踏んでるんですか？

「お湯が沸騰しないんです」というときは、火が足りないか、何かですよね。それと同じように、きちっとしたこと、しないとね。

指導者というのは、いい話さえすればいい、ではありません。

いい話するのは当たり前。

聞くムードまで作らなきゃダメなんです。わかりますか？

相手が聞きたくなる雰囲気にならなきゃ、それをかもし出さなきゃダメなんですよ。そうすると、大勢の人を救えるんですよね。


この押し出しを、自分のためでなく、人のために、あなた、できますか？

自分のためだけを考えて、おしゃれしてる人、だいたいダメになります。

だけど、人のため、ばっかり考えてる人もダメです。

やっぱり、自分のためにも人のためにもなるのが、本物ですよ。

実力は重続のループ

「継続は力なり」

世間では、昔からそう言われるのですが、私はこう言います。

「重続は力なり」

これが、一人さん流です。

私は、昔から「重続」と覚えてて、ずぅーっとそれを使っていたんです。

そしたら、あるとき、ある人に「重続という言葉はないですよ」と言われたんですけれど。

でも、私の経験上、世の中を見ていても、やっぱり、「重続」なんです。

重ねて続ける。

どういうことかと言うと、私は、ものを、まずやってみます。

車でループ橋を走っていると思ってもらうと、わかりやすいんですけれど。私はとりあえずやってみる。そして、ぐるーっと走って、一周してきたときには上にいます。わかりますか？ 要は、最初の失敗の上に乗っかるんです。

そして、また、ぐるーっと回って行って、次、次って重なりながら、上にあがって行く。これをやっていると、競争がいらないのです。

だから、とりあえず、やってみる。やってみたら、「ここがマズかった、今度はこうしよう」とか、やってみてわかることがあるのです。

そうすると、それを改良して、またそこへ来て改良して、また来て改良して……

という。

これが神の仕組みなんです。

ぐるーっと回って、重続しながら上にあがるのです。

飛行機が離陸するときみたいに、直線状にあがるのではないのです。


世の中を見てください。

電気自動車は、実は、昔もあったんです。その電気自動車のところ、そこへ、今、戻ってる。ただ、戻っても昔と違うんです。バッテリーが全然違ってたり、走行距離が全然違ってたり、しています。前より、向上しているのです。

いつの時代も、元へ戻ります。

でも、戻っても、必ず、昔と同じじゃない。

ぐるぐる、ぐるぐる、いつの時代も、戻って、戻ってきたときは必ず、前より、もっとよくなってるのです。

ぐるぐる回って重なりながら、もっとよくなって、もっとよくなって、もっとよくなって、という。

ただ、前にも言ったとおり、これからの時代は、大きいことを求めてはいけません。人生、何でも微差です。微差を積み重ね続けるのです。

この微差の積み重ねが、とんでもなく大きなことを生みだすのです。

商売も、微差の重続なんです。

「一人さんに会ったら、大きなことをドンと教えてくれて、それやったらお金持ちになれるんじゃないか」みたいなことを思ってる人がいるのですが、私はそのご期待に応《こた》えられません。

それよりも、お店が汚かったら掃除をしてください。人にはいつも笑顔で接してください。食べもの屋さんだったら、味つけをもっとおいしくしてみてください。

この小さなことの連続技なのです。機関銃なんです。

大砲だとか、原爆みたいなものをドンと落として、ではない。ちっちゃい弾を、バババババッと連続して出すのです。

「微差を何個出せるか」にかかってくるのです。

この微差がおもしろくなってきたとき、いろんなことが変わってきます。

人生って、楽しいね

人生は、趣味でも、仕事でも、家族でも、大切なものを見つける旅

私の教えは、不変です。

どんなに世の中が変わっても、私が言うことは常に同じです。

「成功とは、しあわせだ」

昔から、ずっと前から、これを言い続けています。

その成功のために、各自がどうやって自分の大切なものを見つけるか……。


自分より大切なもの、というのは、ないと、私は思うのです。

言葉としてはきれいだけれど、この世の中、やっぱり、生きるということは自分があってのことですからね。

要は、「自分も大切、人も大切なんだ」と、私は言いたいのです。どっちがメインで、どっちがサブかという、単純な強弱の話ではなくてね。

人生は、自分の大切なものを見つける旅。

私はそう思っています。

この旅のなかで、私にとって、仕事はかなり大切です。そして、仲間はもっと大切です。

それから、自分が知ってることを教える機会があったら、こうやって本やなんかで教える。そしたら、人に喜ばれて、私はうれしいのです。

だから、私にとって、教えることも大切です。

あと、講演をすると、夕方の講演会に昼から並んでてくれるような人がいっぱいいるんです。ものすごく、ありがたくて。私のことを待っててくれるファンの人も大切です。

本を出すと、読んでくれる人も大切だけど、出してくれる本屋さんも大切。本が出るまで、細かな作業やってくれる人がたくさんいて、そういう人たちも大切です。

それに、私は旅が大好きで、日本の景色が大好きです。そして、旅先で神社仏閣を訪ねるのが私の趣味です。これも私にとっては、とても大切なことです。

世の中には、まだまだ、いっぱい大切なものがあります。

だから、生きていると、大切なものがいっぱい増えてくるのです。

大切なものに囲まれているのが、スゴイ豊かな人生です。

大切なものが一個も見つからないより、一個でもあったらしあわせです。

だけど、もう一個、また、もう一個と増えていけばいくほど、もっと、しあわせ、もっと、しあわせなんです。

自分が手に入れた宝もの、一つひとつを大切にしながら、もう一個、さらにもう一個。

そういうことをしている人は、魅力的です。

原石を磨いて宝石にする

私は、自分を魅力的にするってスゴイことだな、と思っているんです。

だって、魅力のない自分で死んでいくの、嫌じゃないですか？

「自分はブ男なんだ」とか、「足が短いんだ」とか言う人がいるけれど、過去に、ハンフリー・ボガートとか、顔がデカいうえに足が短かったりしているのに、世界を風靡《ふうび》した男がいるのです。

ゼロだったら、あきらめるしかありません。でも、現実に、いるのです。

だから、自分を改良して……。改良と言っても、人間、自分以外の人間にはなれません。

一人さんは、一人さんにしかなれない。

あなたは、あなたにしかなれません。

今さら、「足を、もう一〇センチ、伸ばして」って、伸びないのです（笑）。

だけど、人は、スゴイ魅力的な人間にはなれるんですよね。

だから、「もっと魅力的になりたい！」と望んでいいのです。

私は、神さまに「スゴイ魅力的だね」と、言われて死んでいきたい。

そうすると、魅力的になるには、どうしたらいいんですか、って？　いい本を一冊読んだって、ちょっと上に行くのです。

それから、本当は「バカヤロー」と言いたくなったけれど、そこで天国言葉を口にしてみたり。

こういう、ちょっとしたことで、ちょっとしたことが重なってくると、人はスゴく魅力的になっていくのです。そうやって自分を磨いて……。

私はね、人間は玉と同じだと、思っているのです。

玉というのは、原石を磨いて磨いて、磨きぬいて玉になる。そして、最高に磨きあがったとき、玉が割れる、と言うのです。

それと同じように、人間も自分を磨いて磨いて、磨きぬいて、最高になったときに死んでゆくのかもしれません。

だけど、肉体は朽ちても、魂は死なない。次、生まれ変わって、この世に出てきたときは、前世で磨いたところから始まるのです。

だから、今世、ロクでもない原石のままで死んじゃったら、そこから生まれるんだって。

そう思ってる人なんです、私は。

だから、一生懸命、自分というものを磨く。磨いて、磨いて。そう、ダイヤモンドの原石を磨くのと同じです。

自分は、仕事のことはできるようになった。そこはピカピカに磨けたけど、「人間関係のほうがダメなんだ」とわかったら、人間関係のほうを磨いたり。

自分ができる範囲内の、自分なりの磨き方でね、キュッキュ、キュッキュと、そっちのほう磨いていくんです。

そしたら、もう百何面カットとか、ダイヤモンドみたく、人は輝く。

楽しいですね、人生って。

「神の道理」があるんだよ

この世の中は絶対、道理で成り立っています。

スペースシャトルが上がるのも、宇宙に滞在できるのも、きちっとした計算の上に成り立ってて、理論があるのです。

偶然、飛んでるんじゃないんですよ。あれが地球に帰ってこられるのにも、ちゃんとした理論がある。

それと同じように、神ごともそうだし、奇跡と思うようなことも、ちゃんとした道理があるのです。

さっきの手品の話じゃないけれど、手品を知らない人は「奇跡だ！」と言うけれど、手品師が見れば絶対なる道理があるのです。

宇宙船を作ってる人から見ると、宇宙へ行って帰ってこられる絶対なる道理があるのです。そして、作っている人たちも微差の積み重ねなんです。

だから、一個技じゃなく、連続技だから素人目にはわからなくなっちゃってるんです。わかりますか？

商売でも何でも、人生、微差の積み重ねです。

しあわせになるのも、笑顔だったり、天国言葉だったり、ね。しあわせに見えるような服装だったり、それの微差の連続なんです。

その微差一個でグン、微差一個でグンって、あがるのです。

ここが、おもしろいところで、やり得なんです。

普通の人は、うんと努力して、ごほうびはちょっとです。

だけど、本物は違います。

本物は、微差の努力で、大差もらえるんです。

そのことを、私は惜しみなく教えたいのです。

私が最初に本を出してから、もう一〇年以上がたつのですが、「微差が大差で、スゴイことなんだ」ということをよく教えてなかったんです。

だから、私が「笑顔でいるといいよ」とか、「天国言葉を口にするといいことが起きるよ」とか、いろんなことを言っても、一部の人しかその微差をやらなかった。

この程度のことをやっても、紙っぺら程度の薄いものだ、みたいに思われていたんだと思います。だけど、そうではないのです。

一センチの努力が、一メートルぐらいになって返ってくるのです。

だから、微差は楽しいのです。

それを伝えたい。だから、私は、新しい微差に挑戦します。

安定は動くことです

若い人たち、中高年の人もそうです、みんな、大切なものを探しています。生きている間、大切なものを探す旅をしているんです。

見つかった人は、しあわせです。

ただ、大切なものというのは、探しに行かないと見つかりません。

だから、動かなきゃ。

自分が探しに行かないと、大切なものは見つからないからね。

絵を描きに行くのもいいし、コミュニティの活動に参加したり、とにかく、何でもいいから動き回らないと、見つかりません。

私が「女の人のほうがしあわせだ」と言うのは、女の人って、ヨガを習いに行ったり、いろんなことをやるからなんです。

男はあまりやらない。定年退職した人とか、何もしないで家にいるでしょ？

だけど、女の人はダンスを習いに行ったり、いろんなことをするんですよね。

ホントにね、何もしなかったら、何も見つかりません。

宝くじだって、買わなきゃ当たらない。

本だって、読めば「いいこと書いてあるな」と思うけど、読んでくれなきゃ、どうにもならない。

だから、とりあえず、行動してもらわないと、ね。

この地球という星は、行動しないと、何も起きない星なんです。

私が「天国言葉ですよ」「考え方ですよ」と言うのは、話す言葉によって考え方が熟してくる、そうすると、行動が変わってくるんだ、という。

ただ思うことではない、言うことではないのです。天国言葉を口にし、天国思いをすることによって、行動が自然とそうなってくる。いつも口にしている言葉を思うようになる。そして、いつも思ってることが、行動に現れるようになってくる。

だから、最後には行動です。

何も行動しないで、世の中は変わりません。

安定は動くこと、です。

自転車と同じです。止まっていると、倒れちゃう。

二輪車ってそうですよね。人間は二本脚で生きてる。じぃーっと、つったったままだと、貧血を起こして倒れちゃうのです。

だから、歩くか、何か行動しなきゃいけません。

何もやらないで「なんとかなる」って、なんともならない。考えているだけでは、なんにも起きない。

安定は動くこと。

このことを頭のなかに入れておいてください。

あなたは神に愛されている！

この宇宙には、数の概念を超えるぐらい、たくさんの星があります。そのなかで、私たちはなぜ、この地球に生まれたのか。

私たちがここに来たのには、ある目的があるのです。


人が、あの世からこの地球というとこへ行かされたとき、

「ここは考えてるだけじゃダメだよ。おまえの考えてることをやってごらん。そうすると、正しいか、どうかが、わかる星だよ」

そうやって言われて、私たちはここに生まれてきたのです。

向こうは、想念の世界、想念すればいいのです。だけど、その想念が正しいかどうかは、わかりません。そこで、「この地球という星に行っておいで」ということなんです。

だから、この地球という星は、想念して行動する星。

「行動すると、正しいか、間違ってるかが、わかるよ」と、神さまに言われて、今、ここにいるのです。

人間は神の子で、まだ修行中の神だから、間違うことがあります。間違ったことをすると、困るようなことが起きるけれど、それは、「間違ってるから改めなさい」ということなんです。

神は、人間に苦労させようとしているのではないのです。

神は、間違ってることをやめさせようとしているだけです。それは親心です。

そして、行動しないと何も起きない。そういう星なんです、ここは。

魂の次元が、行動を習いにきてる星。

だから、この星で行動しないということ自体、どういうことかと言うと、「何もしない」という行動をしてるのです。

「行動しない」のは行動しないのではなく、「何もしない」という行動をとっている。その結果、どうなるかを学んでいるのです。

「何もしないと何も起きない」と思う人がいるけれど、「何もしないと、嫌なことが起きる」ということがわかります。

何もしないと、いつもエライたいへんなことが起きてきて、経済的に苦しくなったり。

だから、何もしないのは、行動しないではないのです。「何もしない」という行動をとってる。

それだとしたら、建設的な行動をとったほうがいいじゃないですか。

建設的な行動は建設的な結果をもたらす、いいことが起きるのです。

「ついてる」とか、天国言葉を言うのも行動です。アクセサリーをつける、一〇〇〇円のブローチをするのも行動です。明るい色の服を着るのだって、行動でしょ？

この建設的な行動に、結果がついてくるのです。

そんなもの、当たり前のことです。道理どおりです。

念ずれば通ずるって、「念ずる」のも行動なんです。

念じて、念じて、行動したくなるほど、念じてください。

だから、うまく行ってることは、すべて建設的な行動の結果なのです。

それで、何度も言うようで申し訳ないけれど、行動しないとなんにもならない星なのです、ここは。

それは、歴然たる事実なのです。

だから、行動する。

行動するときは、いいことの微差です。

この微差は、一センチの微差に対して一メートルぐらいのごほうびがあります。

そういうものなのです。

もし、一センチの微差で、一メートルのごほうびがなかったとしたら、それは間違った努力をしているのです。

いいことの微差には、必ず、スゴイごほうびがあるのです。それがなかったとしたら、やり方が間違っている。それも、ちょっとの、微差の間違いです。

だから、「笑顔にしなさい」って、笑顔はいいことの微差なんです。その微差に対して、スゴイごほうびがある。なのに、「やったけど、人生、うまく行かない」というのは、笑顔に見えていないのです。

自分は笑ってるつもり。でも、周りのみんなには笑ってるように見えてない。笑顔とは、歯が見えなきゃ笑顔に見えない。だけど、「歯を出す」と言っても、歯医者で歯を出すような出し方をしていたのでは、ダメなんです（笑）。

人から笑って見えての、笑顔なんですよ、目が垂れたりして。わかりますか？

だから、微差が大差にならなかったら、やり方に問題がある。

あくまでも、微差が大差なんです。

うまく行かなかったら、必ず、その微差が間違っている。だけど、改めればいいだけのことであって。

これを、一生かけて、やって行くのです。


そうすると、おもしろい！

おもしろくないのは、微差の大切さを知らないだけなんです。

ひとたび知るや、人生って、ホントに、おもしろいのです。

「こんなにおもしろい世界に、よくぞ生んでくれた！」

というぐらい、おもしろくなってきます。

本当なんです。

もし、あなたが「一人さんのファンだ」「一人さんを信じてるんだ」と言うのなら、もっと信じてください。私が嘘《うそ》をついてもしかたがない（笑）。

私も、みなさんと一緒に、「もっと、もっと、もっと」って。

生きてる間、微差を追求して、大切なものを見つけて。魂を宝物でいっぱいにして、天国に行ったとき、お宝披露パーティでもやろうと思っています（笑）。

みなさんと、そういうパーティをやったら、きっと楽しいだろうなぁ。

「ほら、私のいいでしょう」

って、みんな、誇らしげに、自分の大切な宝物、見せあってね。そういうの、やれると、いいですよね。絶対、盛り上がると思いますよ。


では、また。

天国のパーティでお会いしましょう。

ありがとうございます。

文庫版あとがき

このたび、サンマーク出版さんからこの『微差力』が文庫になるということで、読み返してみたのですが、自分で言うのもなんですが、とってもいい本です（笑）。

本を読むというのも、やはり〝微差〟の積み重ねなんですね。

一回読んで全部理解しようとするのではなく、何回も読んで少しずつ積み重ねていく。

そうすると、そのときに必要なことがすぅーっと頭に入ってくる。

だからこの本は、最低でも七回読んでくださいね。

斎藤一人

千葉県に ひとりさん観音が… できましたよ!!

ひとりさんが親しくさせていただいている蔵元・寺田本家の中に、ご好意で『ひとりさん観音』をたててくれました。

朝8時から夕方5時までお参りできますよ。
近くまで行きましたら、たずねて下さいね。
97cmの(小さな)かわいい観音様ですよ。
参拝記念として清酒「ひとりさん観音」
[4合びん/1522円(税込)]も販売
してますよ。
お酒が欲しい方は、お休みの日は
お参りはできますけれどお酒は
買えませんので、確かめてから
お出かけ下さいね。

住所：千葉県香取郡
神崎町神崎本宿
1964
電話：0478(72)2221

ひとりさんの楽しいドライブコース

成田インターでおりて

20分→ 滑河観音 10分→ 蔵元・寺田本家

5分→ 喫茶「ゆうゆう」 20分→ 香取神宮

5分→ 佐原香取インターで高速にのる

蔵元・寺田本家

- 成田インターから車で25分
- JR下総神崎駅から徒歩20分

喫茶「ゆうゆう」

住所：千葉県香取郡神崎町大貫131-3

電話：0478(72)3403

定休日：木曜日

一人さんよりお知らせ

今度、私のお姉さんが千葉で「一人さんファンの集まるお店」（入場料500円）というのを始めました。

コーヒー無料でおかわり自由、おいしい“すいとん”も無料で食べられますよ。

もちろん、食べ物の持ち込みも歓迎ですよ。

みんなで楽しく、一日を過ごせるお店を目指しています。

とてもやさしいお姉さんですから、ぜひ、遊びに行って下さい。

行き方：ＪＲ千葉駅から総武本線・成東駅下車、徒歩7分
住所：千葉県山武市和田353-2　☎0475-82-4426
定休日：月・金　**営業時間**：午前10時〜午後5時

一人さんファンの集まるお店

全国から一人さんファンの集まるお店があります。みんな一人さんの本の話をしたり、CDの話をしたりして楽しいときを過ごしています。近くまで来たら、ぜひ、遊びに来て下さい。ただし、申し訳ありませんが一人さんの本を読むか、CDを聞いてファンになった人しか入れません。

住所：東京都江戸川区松島3-6-2　☎03-3654-4949
営業時間：朝10時から夜６時まで。年中無休。

各地の一人さんスポット

ひとりさん観音：瑞宝山　総林寺

北海道河東郡上士幌町字上士幌東4線247番地　☎01564-2-2523

ついてる鳥居：最上三十三観音第二番　山寺千手院

山形県山形市大字山寺4753　☎023-695-2845

斎藤一人さんの公式ホームページ

http://www.saitouhitori.jp/
一人さんが毎日あなたのために、
ついてる言葉を、日替わりで載せてくれています。
ときには、一人さんからのメッセージも入りますので、
ぜひ、遊びに来てください。

お弟子さんたちの楽しい会

◆斎藤一人 大宇宙エネルギーの会 会長 柴村恵美子

恵美子社長のブログ http://ameblo.jp/tuiteru-emiko/
恵美子社長のツイッター http://twitter.com/shibamura_emiko
ＰＣ http://www.tuiteru-emi.jp/ue/
携帯 http://www.tuiteru-emi.jp/uei/

◆斎藤一人 感謝の会 会長 遠藤 忠夫
http://www.tadao-nobuyuki.com/

◆斎藤一人 天国言葉の会 会長 舛岡はなゑ
http://www.kirakira-tsuyakohanae.info/

◆斎藤一人 人の幸せを願う会 会長 宇野 信行
http://www.tadao-nobuyuki.com/

◆斎藤一人 楽しい仁義の会 会長 宮本真由美
http://www.lovelymayumi.info/

◆斎藤一人 今日はいい日だの会 会長 千葉 純一
http://www.chibatai.jp/

◆斎藤一人 ほめ道 家元 みっちゃん先生
http://www.hitorisantominnagaiku.info/

◆斎藤一人 今日一日、奉仕のつもりで働く会 会長 芦川 勝代
http://www.maachan.com

◆斎藤一人 全国美化の会 会長・寺田本家 寺田 啓佐
http://www.teradahonke.co.jp

◆斎藤一人 一人会 会長 尾形 幸弘
http://hitorikai.com/

斎藤一人さんのプロフィール

「銀座まるかん」(日本漢方研究所)の創設者。1993年以来、毎年、全国高額納税者番付(総合)10位以内にただひとり連続ランクインし、2003年には累計納税額で日本一になる。土地売却や株式公開などによる高額納税者が多いなか、納税額はすべて事業所得によるものという異色の存在として注目される。

1993年分	第4位	1999年分	第5位
1994年分	第5位	2000年分	第5位
1995年分	第3位	2001年分	第6位
1996年分	第3位	2002年分	第2位
1997年分	第1位	2003年分	第1位
1998年分	第3位	2004年分	第4位

＊土地・株式によるものを除けば、どれも日本一です。
総合納税金額173億円で、これも日本一です。

主な著書に、『斎藤一人　愛される人生』(ロングセラーズ)、『変な人の書いた成功法則』(総合法令出版)、『斎藤一人　千年たってもいい話』(マキノ出版)、『眼力』(小社)など。

ホームページ　http://www.saitouhitori.jp/
一人さんが毎日あなたのために、ついてる言葉を、日替わりで載せてくれています。ときには、一人さんからのメッセージも入りますので、ぜひ、遊びに来てください。

<編集部注>

読者の皆さまから、「一人さんが手がけた商品を取り扱いたいが、どこに資料請求していいかわかりません」という問合わせが多数寄せられていますので、以下の資料請求先をお知らせしておきます。
フリーダイヤル　0120-504-841

単行本　二〇〇九年一一月　サンマーク出版刊

サンマーク文庫

微差力

2011年6月20日　初版発行
2017年7月20日　第6刷発行

著者　斎藤一人
発行人　植木宣隆
発行所　株式会社サンマーク出版
東京都新宿区高田馬場2-16-11
電話 03-5272-3166

フォーマットデザイン　重原 隆
本文DTP　日本アートグラファ
印刷・製本　共同印刷株式会社

落丁・乱丁本はお取り替えいたします。
定価はカバーに表示してあります。

ISBN978-4-7631-8499-3　C0130

ホームページ　http://www.sunmark.co.jp